我们最想要的是什么?
是被爱吗?
不,是被选择!
我们要求另一半能够证明,他将抚慰我们最深的伤口。

JAMAIS SEULS ENSEMBLE
Comment vivre à deux en restant différents

在一起，不孤单
—— 伴侣相处、爱情保鲜的艺术

［法］雅克·萨洛梅 著　　刘彦 译
Jacques Salomé

西南师范大学出版社
国家一级出版社 全国百佳图书出版单位

最应该珍惜的是日常脆弱的小幸福,让它们繁殖,生长,进入每个人的生活。

在一段爱情关系中,需要真正地做好一切准备……幸福来得那么快!

谈论夫妻关系是一件微妙的事情,有点像显微解剖。

——奥古斯特·纳皮耶与卡尔·维特克[①]

[①] 奥古斯特·纳皮耶(Auguste Napier, 1938—)与卡尔·维特克(Carl Whitaker, 1912—1995)都是美国心理治疗师,曾一起工作。——译者注

目 录
Table des matières

前言 /01
Introduction

第一章 从邂逅到建立关系 /001
Passer de la rencontre à la relation

吸引 /008

感觉 /011

恐惧 /022

潜意识选择 /027

第二章 建立并维持一段关系 /031
Construire et vivre une relation

从融合到区分 /039

从差异化到对抗 /053

责任与承诺 /057

第三章 伴侣之间的凝聚力和分散力 /075
Forces de cohésion et forces d'éclatement dans le couple

凝聚力 /078

分散力或分解力 /101

扩张力或闭合力的平衡 /119

在持久的关系中麻木维持还是采取行动 /121

伴侣和家庭中的金钱 /134

第四章 伴侣生活，就是创造和发展双重隐私 /147
Vivre en couple, c'est accepter de créer et de développer une double intimité

体验共同私生活 /151

隐私和感情的接受 /168

个人隐私和自我尊重 /170

改善关系的尾声 /173

有效沟通的最低法则 /182

开放的结论 /186

前 言

  这本书最主要的目的不仅仅是探讨维持一段伴侣关系如何困难,还在于发出呼唤,提出建议,甚至劝导——帮助人们面对并超越——通向两个人共同生活的路上那些遍布的、不可避免的障碍和陷阱。

  我们愿意为每个真正有所需要的人提供实用、具体、积极、易于理解的工具,帮助他们建立一段富有生命力和创造性的、坦诚开放的伴侣关系,让他们可以彼此分享,共同成长。

  两个人一起生活同时又保持独立,是一种持久的共同创造。这一切都是以伴侣双方都能接受对方超乎寻常的意愿、欲望和理想期待等为前提的。

  伴侣关系不仅仅是深刻和真实的感情,也不仅仅是互相之间的依恋,而是两人结成伴侣,长久地生活在一起。

  面对共同生活中的日常琐碎,再深再真挚的感情,再鲜活的爱情，也无法保证两个人能长久地在一起，一起成长。从相遇到相爱，最终，他们能否在稳定持久的关系之上进一步建立夫妻关系由他们之间的关系质量决定，并且也是双方自由选择的结果……

如果说今天四对伴侣中就有两对因痛苦、悲伤或暴力而关系破裂，因混乱、疲惫或互相不理解而分手，这通常是因为他们无法建立并维系一段分享和交流的关系，个人无法继续在不断加深的羁绊中无拘无束地生活（此处指的是成为自己生活的主人）。

再者，在各种世俗和正式的伴侣生活模式之外，持续性、非持续性以及约会形式的伴侣关系是什么样的呢？那些各种正式的、常见的夫妻和伴侣关系又是怎样的呢？

各种各样不再一起生活却又在同一个屋檐下同居的方式呢？

害怕分手的伴侣呢？

远隔重洋却心意相通的人们呢？

还有已经分手却"共同生活"的种种微妙的方式呢？或者已经离婚的夫妻，因为孩子、家具，甚至是房子等问题继续住在一起，这样的情况呢？

也有一些伴侣满怀激动、温情脉脉地发现，他们从未像分开之后这样和谐相处。

总之,很多人把感情的浓烈程度和激情的强烈程度混为一谈……他们以无可挑剔的诚挚,满心欢喜地抹杀一段关系的可能性。其实,如果采取了其他行动,这段关系可能会很完美。

"一起生活,同时保持独立",这是我此前在若干论文和著作中探讨过的主题,尤其是在《对我说……我有事情要告诉你》(*Parle-moi... j'ai des choses à te dire*)和《爱并说出来》(*Aimer et se le dire*)中。这两本书由人类出版社(Éditions de l'Homme)出版,是和我一直以来的同事西尔维·加朗(Sylvie Galland)合著的。

请自问。

对你我来说,爱会让人联想到痛苦、抛弃、悲伤……甚至欺骗、占有欲、害怕失去等感觉吗?

或者与之相反,对你我来说,爱是让生活更加舒适的沃土或海岸吗?爱会带来快乐,带来更多的可能性吗?爱会成为装满愉悦的宝箱吗?

我的爱和你的爱会在一段生机勃勃的关系中,互相依赖,不断丰富，积极交流，从创造性的分享中散发光芒，在最大程度上接近彼此的期待和付出吗？

这本书将围绕四个重点展开：

1. 从最初的邂逅到建立关系。
2. 建立并维持一段关系。
3. 在任何一段伴侣关系中，有哪些凝聚的力量及破裂或分开的力量在发挥作用呢？既然任何一对伴侣都是充满活力的有机体，远不单单是满足欲望和情感需要，或者和伴侣一起生活，甚至组建家庭那样简单，那么这些力量是如何互相作用的呢？
4. 个人的私密并不总是可以分享的。那么如何把一段关系中共同的、彼此分享亲密空间同个人私密协调起来呢？

我认为，这种双重密切共存的可能性是和谐二人世界最坚实的基础。

这本书中将交叉出现专业评论、个人思考和若干引文、诗句，以便更好地说明我提出的建议。

我会认出你,

在海藻中,

在你发丝上的盐粒中,

在你手里的青草中。

我会认出你,

在眼睑深处。

我将闭上眼睛,

你将握住我的手。

克洛德·鲁瓦[①]

[①] 克洛德·鲁瓦(Claude Roy,1915—1997),法国作家、记者、诗人。
　　——译者注

第一章

从邂逅到建立关系

Passer de la rencontre à la relation

我想我们每个人都渴望一种纯粹且完整的情感。这种深层的、富有生命力的渴望几乎一直存在，可以说坚不可摧。我们渴望找到、努力靠近另一个自己，并与之建立联系，或重新找到我们内心深处怀念缺失的那部分。

每个人都为等待、期盼、梦想的那个人在心中优先预留了位置或空间。这个人理解我们，无条件地爱我们，甚至会对我们负责。大多数人都迫切地需要和一个同伴紧密联系起来，他接受我们的爱、我们的目光，感受我们彼此的存在。我们那种爱和被爱的愿望汇聚在这位同伴身上。

这种寻找，根据每个人不同的经历或进程，可以是主动的，也可以是被动的。

对另一半主动的寻找主要借助于态度、行为和对另一半的投入，通过类似于诱惑的方式和策略实现。这种寻找是灵活的，有创造性的，会引发一系列表演，而剧本几乎完全建立在为对方做某事,甚至是代替对方做某事的基础上。

这种形式的寻找所产生的注意,尽管乍看之下显得慷慨而忠诚,但通常是占有性的,目的在于建立一种控制对方的关系。

这种关系模式体现在以下关键句中:

"相信我。"

"做什么都要和我一起。"

"我可以为你做任何事情。"

"我永远不会离开你……"

对另一半被动的寻找主要包括期望、等待,甚至是不言明的要求。这种模式在临床上大多表现为著名的"睡美人"综合征。

患者可以是男性也可以是女性,也就是说所有天真的人,他们做着白日梦,悄悄地期待有一股神奇的力量,把迷人的王子或美丽的公主送来,唤醒自己,充实自己。

他们每个人都期待对方能够回应自己的需要和愿望,同时修复自己的伤口,弥补所有的缺失和断裂,甚至填补以往的空虚。

这种模式的关键句如下:

"我相信你。"

"我需要你。"

"没有你我就活不下去。"

"没有你我就什么也不是……"

伴侣其实是一张复杂的网,充满试探和磨合,围绕着期待—亏欠、馈赠—债务、责任—义务和限制展开。当然也有获得幸福和满足的可能性。每个人都无比期待对方能够接收并进一步丰富自己发出的信号。

这种对纯粹感情的渴望及那种有意识或潜意识的寻觅,赋予我们活力,刺激我们产生强烈的冲动,想要冲向另一个自己,冲向一个使自己完整的人,不管是出于相似(对称定位)还是因为互补(不对称定位)。

因此,我们会进行无数的尝试,不仅试图找到灵魂伴侣,还试图找到命中注定的那个人,他/她会给我们这种感觉:"非他/她不可""众里挑一""我确定他/她就是为我而生的,就是他/她,不是其他任何人!"

这种使我们不断期待并寻找真命天子或真命天女的神话,通常和肯定有关,确定我们能在心里、在生活中提供并接纳永恒不变的爱，它能超越承诺、歉意和原谅，抵挡幻想、时间的磨损、日常的琐碎和生活的伤痕。我们常常会为此冒着失去自尊的危险，甚至付出高昂的代价。

相信一定存在"唯一的爱"，相信爱是永恒的，完美的，是能带来持久幸福的保障，这种信仰恰恰会让我们轻易忘记一段充满活力的、健康的关系需要维持、滋养、被尊重，忘记这种关系尤其需要远离过多的污染，提防亲密感在共享的时光里不可避免地变质。

> 要获得幸福的婚姻，重要的不是和我们所爱的人结婚，而是爱我们与之结婚的那个人！
>
> 古老的谚语

在爱的相遇中，是哪些力量和利害关系在发挥作用？

人和人有着各自不同的力量，有一些很明显，而有一些则需要进一步挖掘。

我把它们分成四大类：吸引、感觉、恐惧、潜意识选择。

欢乐和悲伤总是成对出现。
它们紧紧相连，密不可分，
甚至可以说如影随形。

然而，欢乐和悲伤又彼此对立。
它们是两种截然不同的感情，
有着各自的原因和结果。
如果我敢于在我爱的人面前表达欢乐或悲伤，
未感到被剥夺了感情，
那是因为我被爱着。

吸 引

吸引可以是外表的、情感的或精神的。

吸引也可以是情境的,与某个特定的状况、某种特别的感觉或某种特殊的默契有关。

我们不仅可能被美和魅力吸引,也可能被一个人的脆弱、忧虑,甚至蛮横所吸引。

我们可以被别人表现出的欢迎、接纳、热情帮助或无条件付出的光芒所感动和吸引。

我们也可以被针对自己或自己某一方面的拒绝、否定或冷漠所困扰、刺激,准备采取行动。

我们很容易感受到一个人的脆弱,进而产生同情、奉献或其他更复杂的感情。无论为何,其核心都是修复、帮助、支持、承担或拯救。

于是产生了各种有关人际关系的主张,随着时间的推移(有时需要经过很多年),这些主张会慢慢丰富起来。

"如果他信赖我,那是因为我值得信赖。"

"如果我照顾她,我会使她形成对我的依赖。"

"我会比之前的任何人都更爱他！我甚至怀有这样的希望：源于我们对彼此的爱，他会戒烟、戒酒……或者放弃爬山！"

如果说外表吸引能唤起欲望，那它在相遇中的影响比很多人想象中的要小很多！因为外表吸引其实会在吸引对象的身上引起各种恐惧……还有沮丧，以及默默地、固执地防守或抵抗。

"他只在意我的身体。"
"她对我本身并不感兴趣。"
"他总有一天会受够了的。他会发现我其实很乏味。"
"我不会喜欢只看外表的人。"
"我无法相信一个分辨不出真实的我的那个人！"
"几乎没有人知道，一个长相美丽的人需要多少谦逊和力量来克服那些不可避免的渴望或沮丧的目光带来的不适。"

花言巧语虽能使人一时心情欢畅，却不能长久掩盖真实的自我认知。

自我印象和别人对我们的印象之间往往存在冲突。我们内心深处的自我认知（有时无法承认）看得最清楚！它总是在内心复杂、矛盾又如万花筒一般变化莫测的状态中焦灼不安。

很多女性和一部分男性会通过以下这些苦涩的话语透露内心的不安：

"我不知道我身上有什么吸引他/她的地方！我比其他人强在哪儿？如果他/她真的了解我，是不会和我在一起的！"

> 人们不选择爱，而是主动去爱。
>
> 奥林匹亚·阿尔贝蒂[1]

---

[1] 奥林匹亚·阿尔贝蒂（Olympia Alberti，1950— ），法国小说家、诗人、文学评论家。——译者注

感 觉

感觉有时可能突然出现，一下子占领我们，不过大多数情况下感觉需要时间以适应主体的环境。感觉需要时间、精心呵护和空间才能产生。有些感觉需要经过长期酝酿，有些则是一见倾心，一拍即合。

我们对栖息在自己身上的感情无能为力，既无法命令它们重新分配，改变质量和密度，也无法向自己下达爱或不爱的指示。

人人都听说过一见钟情，但似乎很少有人经历过这种爱人之间急剧的、强烈的彼此吸引。

有些人梦想着能够一见钟情，把它看作一剂灵丹妙药：无须培养关系、不用面对被拒绝的风险，直接进入成熟完整的伴侣关系。只要一道目光，事情就可以自然地进行下去。对一见钟情的迷信并非女性的特权，很多难以进入关系、面对真实关系焦虑的男性似乎也秉持这种信仰。

找到梦中情人、真命天子，仍然是很多人秘而不宣的愿望。

我能感受到对某人非常强烈的、不可思议的感情，也被时而愉悦、时而不适的感受（情绪、认知）占据着，为此我感到痛苦，受尽折磨。爱情和幸福并不总是一致的。感情和感觉也并不总是和谐的。

反之，若我对某人没特别强烈的感情，我却感觉到异常放松，格外幸福，甚至近乎完美和谐。

感情存在于时间和关系之中。
感觉存在于当下，转瞬即逝。它与此时此刻相关，即使它从过去扩散开来。
我们内心希望感情和感觉和谐、稳定地共栖。
幸福就存在于过去、现在和未来难以察觉但又真真切切的平衡之中。

爱情可以从一股特定的情绪、内心细微或强烈的波动，或者有时从接收一个人身上甚至没有发送的信号开始，生根、发芽、怒放。爱情也可能被接收的那一方忽视、拒绝或折磨。爱情不同于任何一种感情的特性，就在于它是在另一半身上寻找回应，寻求平衡。爱情是一项运动：在这项运动中人们企求与自己的另一半能够和谐相处。

爱情的形态多种多样，承载着千变万化的意义和关系。

学会探究爱情的不同性质大有好处：接收到的爱情、强加的爱情、乞求来的爱情、需要之爱、缺失之爱、充满奉献精神的爱情、开放的爱情以及自由的爱情——从自己最好的那一部分转向别人最好的那一部分。

走进爱情，成为爱人，也意味着放下防备，打开并撕裂自己的保护层。爱，释放那个焦虑笨拙的小男孩，那个容易受伤的小女孩。在等待被爱、被接纳的过程中，有时他们蛰伏在我们每个人身上，无关我们的年龄、社会地位或目前的职务。

这个蛰伏的小男孩和小女孩，由于接收到的爱情或被唤醒的爱情，得以重见天日，他们有时极端地、过分地或猛烈地表达着自己急须被爱的要求，有时又无法给予或接受爱情。唤醒、激活我们自己最幼稚的部分，使它暴露出来，这是伴侣关系中隐蔽的利害关系之一。

有时会发生这样的情况，一个成年人在面对蛰伏在另一半身上的小孩时，他们之间似乎产生了兴趣、需求或期待的竞争。抑或一个急切地要求被注意的小宝宝和一个成年人之间，后者还以为自己面对的是一个非常成熟的大人！

因此，这种举止、行为和感情细微的调整可能导致痛苦的波折和突如其来的严重误会。

参与关系的并不是两个成年人，而是一个成年人和一个孩童，有时甚至是两个迷茫的孩童，每个人都期待从对方身上得到一切，提出自己的要求和期待，在种种苛求中成为"恐怖分子"。

"爱我吧，不顾一切地爱我。"

"让我安心，让我不再担惊受怕，消除我的疑虑，让我坚信你会永远爱我……"

那些关于爱情的最常见的表达里，通常包含很多命令、强迫或义务，限制对方未来的感情和行为。

因此，爱情作为一种能够强烈吸引目标的磁铁，当它尝试成为强制的存在，当它禁锢、束缚对方，成为对方的负担时，它就有可能转化为一种强效诱导剂。

上述思考指出了另一个真相：爱情不会赋予另一半任何权

利，最多只是期望，有时甚至是义务的承载者而已。

我们理应质疑这些如此特别的真相，这些我们经常从亲近的人那里得到的特权，质疑这种独一无二的地位，我们把它留给那些我们爱的人和那些我们想被其所爱的人！

我们是各种感情和行为举止的承载者。它们紧密地交织在一起，以至于我们确信它们是不同的感情，而实际上它们属于关系的范畴。

关注、监视、干涉的权利，财产税，成为某人或做某事的义务，这一切都来自于以"我们"为名义的规则，而这种规则实际上只是其中一个人制订的！

"伴侣之间没有什么不能说的！我有权知道他在给谁打电话。如果一个人心安理得、问心无愧，他就没什么可藏着掖着的！"

"我妻子总是在朋友面前提到我……我觉得不太舒服，但这是正常的，我是她的丈夫，跟她有关的事情，也一定跟我有关……"

"我啊，我永远都不会骗你，在这一点上，我们没有任何可担心的！"

圈套和控制系统就这样得到了加强，它们会随着时间流逝慢慢展露出压迫和暴力的一面。

以下几句话可以向我们指明：

"我无法容忍谎言，当你告诉我你晚上出发更好，这样早上可以晚点起床时，当你告诉我这是火车时刻表的问题时，我多么希望你能够直接告诉我，你要去见某个人……"

"我希望你诚实地说出我感觉到的事情，好让我明白。"

对"我"来说最糟糕、最危险的要求是"我"必须能够掌控对应问题的答案，"我"总是要承担答案带来的风险。

偶然遇到的爱情

偶然遇到的爱情是一段充满惊喜的插曲，

充满未知和不确定性，

甚至比梦境还让人难以想象。

偶然遇到的爱情有着充满希望的过去

和魅力四射的未来。

在温柔的水印中，

在相遇和逝去时光的经纬中，

偶然遇到的爱情并没有失去鲜活的生命力，

在夜里编织的希望底布上。

对曾经绝望的孤独不以为然，

在分享喜悦的可能性中无精打采，

爱情就这样出现了。

偶然遇到的爱情散发芬芳,

出人意料的芬芳,

纠缠在一起的身体的气味,

闪闪发光的喜悦的芳香,围绕着甜美的爱抚。

偶然遇到的爱情有时会把它的需要和苛求

流放到远方,

披上欢快的外衣,

成为生活这块蛋糕上的樱桃。

偶然遇到的爱情也可能成为罕见的珍珠,

映出欲望五彩的光芒。

在放荡不羁的时刻,

一对恋人在梦想成真、期待已久的偶然中相遇,

爱情之火熊熊燃烧。

偶然遇到的爱情,这种冲动让两个人……

永远交织在一起。

亚当：亲爱的，你爱我吗？

夏娃：我有选择吗？

《犹太教法典的思考》（*Réflexion Talmudique*）

退行和幼稚化定位：

退行和幼稚化定位可能由普通、幼稚的情形引发，突然出现。

一切爱情关系都是退行行为的承载者，这种退行行为有时会伤害爱情主角双方。

一个深深依恋着伴侣的女性，会感觉她身上一直存在的那个小女孩或小宝宝随时准备被唤醒，适应新的环境。

于是在这对伴侣中，交往的两个人面对的并不总是两个成年人，而是一个小孩和另一个小孩，有时两个人都会向对方提出不切实际的要求和期待。

在这样的男性身上，通过退行暴露出的是个小男孩，他急切又暴躁地要求被照料、被保护和被协助，令对方不堪重负。

接纳在特定时刻下可能发生的意外，接纳对方的幼稚，将帮助我们更好地认识有时会在磨合期伴侣关系中出现的不同类型的行为。

存在于日常生活中的行为，有时采取如此强烈、急切、贪婪、令人焦虑的模式，以至于这种交锋经常显得激动人心，感人至深，呈现出巨大的反差：从外表看，两个坠入情网的成年人在进行现实的交流，而实际上是他们陈旧、混乱的期待在对峙、较量。

"我很久之后才明白我的伴侣关系建立在我的不妥协之上，已经太迟了。我有一条行动路线，即使我很难受也仍在坚持，却没有考虑到生活的变化，没有考虑到我的个人发展。我把自己的想法奉为金科玉律，剥夺了我和对方可以通过审视问题、沟通或争吵从而进行改变的权利。

"最终我把自己完全封闭起来，我想，对自己施加的暴力也许就是这样越来越严重的！我把自己封闭在某种爱情的神话中，那种经久不变的爱情神话。"

在这些时刻，大多数恋人会觉得自己处于不利地位，因为自己或对方这一面的突然出现而感到受伤或震惊。他们抗拒这一面，认为它可笑、荒诞或离奇古怪。

在爱情中，需要十分谦恭，才能尊重自己和对方身上那个小孩子的存在——他/她喊叫着，呼唤着，索要安全、信任和无条件的接受。

如果说恐惧最喜欢伪装成暴力,那么仇恨就是被伤害的爱情的面具。当伴侣之间出现仇恨和暴力,让我们试着去倾听我们自己和对方那些被羞辱的感情和被唤醒的恐惧。

而且不要忘记,仇恨更多地羞辱怀着仇恨的人,而非仇恨针对的人。

恐惧

在寻找另一半的过程中或在相爱阶段，除欲望之外，恐惧将成为刺激或抑制寻找另一半的重要来源。

由此可见，得不到爱的恐惧可能导致一个人狂热地追逐各种际遇，去四面八方寻找对自己的肯定，肯定自己的价值和吸引力，确认自己值得被爱。对另一些人来说则正相反。同样得不到爱的恐惧，可能使他们无法和潜在的另一半相处，把情况弄僵或搞砸。

"我经常选择对我来说可靠的伴侣。我尤其满足于短暂的相聚，因为这样一来我就不需要表明自己的立场，特别是可以避免展示自己真实的一面。"

"我需要去引诱、征服，因为我非常害怕去爱，害怕像我姨妈说的那样'坠入爱河'。"

"从童年时代起，这句话就令我感到十分恐惧。'坠入爱河'含有丧失选择甚至让人瞧不起的意思……"

某些和恐惧有关的抑制有时会成为强烈的刺激，激发吸引、贬低或征服另一方的想法。

害怕得不到爱、孤身一人，害怕被抛弃或被忽视，害怕得不到对方的认可,这些恐惧使我们有时会接受伴侣的关注、接近、需求和无意识选择，而实际上，跟我们深层的期待相比，这个伴侣很可能是令人失望或沮丧的。

"我特别害怕孤零零一个人，所以一开始，我把他的沉默寡言当作有所保留，甚至是深沉的表现。我花了好多年才发现，他在头脑空空这方面倒是很有深度！"

"她对一切都极尽嘲讽，我把这当成才智过人。她对我感兴趣这件事使我错误地以为自己是个思维敏捷的人。"

这些对结合、依赖和共同生活的恐惧将导致猜疑、谨慎和有所保留，有可能表现为过分的矜持或敌意，甚至拒绝一切关注和亲密的表示。如把爱情关系视为过于激烈的对抗，表现在性方面就是采取防御态度。

这也是为什么有些伴侣心照不宣地安排自己的活动，以免各自的欲望重合。有时候批评和指责比贸然接近要好，因为两个人都有可能在对方的爱中迷路、消失或误入歧途。

爱情的意义并不在于和自己的能动性背靠背,而是面对面,也就是说要面对疏远、迷失、相遇、被弱化或被强化的风险。

当相遇成为每个人的分享和成长

在和时间面对面的交锋中,

出现了一些弥足珍贵的瞬间。

在这个夜晚的相遇中,

这样的时刻被我们两个人

接纳、扩充和创造。

我想保存它留下的痕迹,

超越记忆。

你还记得是谁提出建议,

是谁发出邀请吗?

我们一起庆祝

那件已经发生

或将要发生的事,

你还记得

那种渴望吗?

我们渴望在此重聚,

搜集最美好的瞬间,

品尝最浓烈的幸福。

我们允许自己向往

必需的食物,

允许自己享受目光交错的愉悦,

违背给出的承诺

和接纳脆弱的亲近。

我们在话语的秘密中分享

并创造一部分冲动……

就是这样,我们也许会回来,

一定会回来,

把每个人的一部分

放进所追求的"我们"中。

潜意识选择

我们有时会执着于某个形象、某种表现，或者坚定地希望另一半和我们生命中出现的某个意义非凡的人不同或相似，比如爸爸、妈妈或曾经的爱人，他们长时间占据着我们的内心，甚至长时间令我们苦恼。

我们生命中出现过各种受到伤害的结构性关系，基于对这种关系的修复和重建的爱情动力屡见不鲜。还有另一种与此相反的动力，那就是希望遇见和我们曾经所爱之人完全相反的伴侣。

有多少小女孩曾经坚定地认为，一定不能嫁给一个和自己父亲相似的人，他是那么专横、冷淡、易怒，从来不知道如何做一个热情、开明、亲切的爸爸！这些小女孩将来会找到一个像好爸爸的男人，但这样的男人很难把自己定位为丈夫。

有多少未来的妻子这样对自己说：

"我啊，我绝不会对男人唯命是从。"

"我啊，我才不会像妈妈那样，牺牲自己，变成一块抹布，一直为别人，忘记为自己活着。"

有多少女性被一个男性优越的外在条件、自信和力量吸引，之后才发现他是那么严厉、苛刻，甚至暴躁易怒？

又有多少女性致力于挑选一个贴心、善良、认真的伴侣，而这些曾经一心追求的优点随着时间的流逝慢慢变成了令人不满、无法忍受的缺点？

有多少小男孩发自内心地认为"只要不断地说明和肯定自己的想法，另一半就会放弃她的想法而同意我"？

有多少男性会把伴侣关系发展为支配者—被支配者的关系，毫无其他可能，似乎要生存下去就必须这样？

有多少男孩还在梦想着伴侣会倾听自己、满足自己，甚至不用自己开口对方就能明白？

"如果她真的爱我，我不说她就应该猜到我的想法。我不用说，不用挑明，她就会满足我的需要！"

"还有……她甚至能预料到我想要什么。这样我就不用屈尊开口要求，同时避免了被拒绝的风险。"

有很多外表看上去已经成熟而思想上仍青涩的男性希望遇到一个能够完全符合他们愿望的人，这个人会不求回报地满足他们最幼稚的需要，消除他们的疑虑，平复他们的焦躁，赞美他们的能力，以无限完美的热忱、虔诚和忘我精神服务于他们的计划、事业和成功？

　　他们发自内心地梦想着另一半能够随时接受、服从于他们一个又一个的幻想！

　　他们希望分毫不差地把自己内心新奇的梦想具体化，希望能够被无条件地接受。

　　又有多少人，基于这种想法，试着向自己的伴侣施加压力甚至是可怕的直接或间接的暴力，为了让对方随时服从自己的绝对权威，使另一半无条件地满足他的期待和愿望，没有任何批评和质疑，只有爱意和愉悦？

　　当然，还有很多其他关键因素在支配着两个人的相遇。在此，我邀请大家在读这本书的同时，试着去探索、弄清和发现在自己身上起作用的因素。

　　探索的过程会伴随着痛苦、不安，甚至心如刀绞的感觉。痛苦程度依据伴侣双方的成长、解决问题的能力以及在伴侣生活中产生的觉悟和揭露问题的时刻不同而有所区别，不过总体而言，这条道路崎岖不平，遍布荆棘。

要想进行结合，仅仅和一个新的人建立联系是不够的，还要学会和自己的过去切断联系。要想在新的基础上进行结合，不仅要和我们或近或远的过去的人切断联系，还要切断与之相关的联系。

有时我们要懂得放下与过去的人相关的一切得失，这样才能和眼前拥有的人或期待中未来的人和谐相处。

遇见爱情的唯一目的，是为了发现自己和对方身上最美好的一部分。

因为邂逅爱情的浪漫故事正是隐藏在人们对它的不断寻觅之中。

你可以在这些基础上和那个他／她签订一份幸福的关系契约吗？

第二章

建立并维持一段关系

Construire et vivre une relation

相遇之后，创造和建立一段持久关系不仅是伴侣生活的关键步骤，而且将反映出每个人和另一半共同生活的能力。

这种关系的建立需要经过一系列危机、冲突、摸索和各种调解，将通向适应、调整和包容面对，或者与此相反，演变为爆发、分手或关系破裂。

长时间地维持关系，意味着同意和另一个特定的人联系在一起，跟这个人结合，以便实现共同生活的计划。请注意，我这里说的"共同计划"指的并非从一开始就是"共同"的，而是两个人一起制订、建设、巩固计划，一起通过交流推动它的实现，分歧在交流中转为一致。

这种分享揭示了两个人的感受、经验和生活选择，这些内容会随时间的流逝，时而表现出两人的相近或互补，时而则显得敌对或疏远。

维持一段伴侣关系需要有承诺的能力以及和另一半建立并加强联系的能力，但这并不意味着依恋、束缚或占有另一半。

依恋通常被认为是一种非常正面的感情："他很依恋我，没有我他会感到迷茫的。"

依恋可以表现为一种强有力的黏合剂，也可以演变为一种异化的依赖形式。

为了能够与另一半结合、建立联系（仅仅给对方的手指套上结婚戒指可不够！），需要学会解除联系，也就是说能够在一定程度上接受放下联系，保持距离，和我们过去生活中重要的人改变或创造新的关系。

我将在探讨伴侣之间的凝聚力和分散力的章节对这一点详加说明。

对很多人来说，没有依恋就没有真正的交流。我认为重申这一点很重要：依恋不是一种感情，而是关系的一种属性，一种特定模式。它尤其会使我们在和某个特定的人相处时回到生命最初的依赖状态，那时我们需要的是对自身需求做出迅速、肯定、贴切的回应。

对一个心爱之人的依恋清晰地体现在这些方面：我们需要其时刻陪伴，需要其近在眼前，需要在内心深处确定这个人不会离开我们。依恋会导致好几种对立的感情，比如幸福、友好、信任的感情，它使我们富有人情味儿，充满生机，在遇见或想起另一半的时候激动不已。然而，依恋也会引起脆弱的感情，提醒我们依赖或失去的风险。

长期共同生活的伴侣常常会把他们之间的依恋和彼此的爱混为一谈。

陪伴和亲近的需要过多地挤占了同样重要的个人空间时,依恋会在对象身上引起更加模糊不清的感情。默契、温柔、幽默和幻想在面对潜在的过分依恋时提供担保,它们会赋予依恋柔软度和灵活性,让依恋变得更可贵,更……讨人喜欢。

在伴侣之间,当下的学习交流,尤其重要的是学习更好地保持自我。

这也意味着承担与旧有关系保持距离的风险,这些关系可能是多年以前发生的,也可能就在最近!

另外:我们还要承担重新审视某些信仰和个人神话的风险,这些关乎爱情,女性、男性或人生的信仰和个人神话。

将爱情进行到底,就是走向更多的不同之处,就是承担发现对方的丰富、不足,有时甚至是平庸的风险。

从结合到三角状态：

否定笛卡尔主义的理性逻辑法则，冲向非理性，这是人类行为的固有特点。伴侣生活的各个阶段也没有逃过这条规律，同样可以通过非常奇异的代数等式测量！从关系的层面来看，伴侣生活能够从一到三。

这意味着走出紧密结合的最初阶段，这时的等式是 $1+1=2$……甚至 $1/2+1/2=1$（我们不是经常说"我的另一半"吗？）。

要先走向这个使 $1+1=2$ 得以成立的区别状态，之后才能到达 $1+1+$ 关系 $=3$ 的三角状态阶段，这个状态建立在磨合、互动和交流的基础之上。

两人一起生活意味着要承受交流的风险，也意味着向对方展示自己有能力做出承诺。这个选择把各种明确的力量聚集在一个范围里，远比两个简单的决策相加更有力，且在世世代代的延续中意义重大。我从我已知和未知的历史出发，从我现在和未来的情况出发，做出承诺。我从我目前的样子和我正在努力成为的样子出发，做出承诺。

不仅如此，我同时向现在的你和将来的你做出承诺。

在个人私密和共同亲密之间找到合适的距离，是成功维持两人关系的关键之一。

和谐指的并不是一起做所有事情，而是能够在最大程度上一起分享，敢于有时为自己而活……不用考虑对方就在身边。

列举一些需要改善的爱的方式：

"在很长一段时间里，我以为被爱，就是对方知道并能提前猜到我想要的，甚至在我自己搞清楚之前！

"在我的想象中，如果他爱我，他就应该倾听我的需要，在我表明之前就做出回应，对我来说，这是爱情的最高境界！

"爱情，首先是一种对方和我在一起时行为符合我的想象的感情。

"您想得到吗？一系列的失望、沮丧和冲突伴随着我的一生！

"现在，我有一点点看开了这一切，我努力从感情转向行动。

"在爱情里，我有一半的时间会说出自己的期待和需要，而且会以合适的方式说出，避免让对方觉得必须满足它们。

"爱情的另一半是这样体现的：我的伴侣说出他的需要和

期待，不让我觉得完成它们是我的义务。

"在我思想发生变化之前，我一直以为，爱情就是忽视我自己的需要，远离各种愿望，放弃自我，一切只为了满足另一半的期待和需求，满足他的愿望，根据他的选择做出调整，不考虑我自己的想法。

"这是我的个人神话。爱情变成了一种生活模式，我们可以畅通无阻地交流，不需要通过苛求、批评和暴力。"

当然，这个人补充说道："为了使这样的爱情保持生命力，必须让它得到滋养。在我同意的情况下，我还是要回应对方的期待和需求。相应地，对方也要充分地满足我的期待和需求！"

从融合走向婚姻，意味着我们必须接受赋予关系本身一定的价值。

"重点不在于知道适合我的是什么，或者适合你的是什么，而是弄清楚这对我们的关系有没有好处！"

因为在一定程度上，所有伴侣都由三方构成。

两个人一起生活，其实一直是三个主体相互作用：你、我、我们共同的关系。你在一端……我在另一端。

当一个男人和一个女人结婚，他们从此就变成了一个人：首先要面对的困难就是弄清楚究竟变成了谁！

菲利普·波雷[1]

从融合到区分

从一到三，首先要接受从一到二，勇敢地离开融合或紧密结合的浪漫阶段。在夫妻生活中，这些片段通常会优先使用"我们"合并双方，造成两个人相似的错觉，把他们封闭起来。

"我们喜欢莫扎特。"
"我们在一起很幸福。"

---

[1] 菲利普·波雷（Philippe Porret,1953— ），精神分析学家兼作家。——译者注

"我们想要孩子。"

"我们想住在乡下。"

"我们在重大事项上总是一致的……"

在这些"我们"中,有多少是真实可靠、双方同意的呢?

又有多少承载着这样的风险:在追求融合和一致的过程中,个人的愿望很可能得不到倾听、满足,甚至连愿望的独特性都不被尊重?

这一阶段,人们交流中独特的语气特征——人们不仅使用第一人称"我们",而且使用带有命令语气的"你"。我称这种基于"你"之上的交流关系体系为"喇叭关系"。该阶段的典型特征是利益一致、感情和愿望紧密结合以及需求混乱。

这通常是故事主角们最容易忽略的一点,他们每个人按照自己的方式,合作开发这种无区别系统。

这一融合阶段主要取决于伴侣中任意一方缺少个人定位,以便让人联想到一种虚拟的存在:"无区别的伴侣"或"和谐一致的伴侣",一方居于统治地位,控制着另一方。

"我们啊,我们一直意见相同,从来不吵架。再说了,如果我们想幸福地生活在一起,吵架有什么用呢?"

两个人都会根据自己推测的对方的想法，试着磨平自己性格的棱角。这种互相适应，使他们发展并加强看上去符合对方口味或对方看重的性格特征。

反之，两个人都倾向于减轻、抹去甚至隐瞒某些表现，认为它们可能使对方不高兴，或者造成两个人明显的区别。这也就是为什么有些伴侣最终在态度、容貌和言谈上十分相似。

两个主角都确信，自己了解对方潜在的想法、愿望和需要，应该和对方同化。每个人都为了对方采取行动，为了对方活着。他们不再满足，甚至不再表达自己的快乐或需求。很快地，甚至在当事人不知道的情况下，兴趣和立场都似乎同出一辙，向着重复、单方向的模式发展。

伴侣双方是相似的，这种幻觉在一定程度上导致语言交流不被重视。

"我们啊，我们不需要过多语言便可以迅速互相理解。"

"我只要看看他的表情，就知道他要说什么了……"

"我们从来没有过很多人都有的交流问题，我们不需要交谈……"

认为不需要表达自己的愿望,对方就能猜得到!这些愿望很有可能长时间得不到满足,在未来的某一天以批评和指责的形式表现出来,因为它们被禁锢在沉默中太久了。

一位男士,毕业于理工学校,真诚、礼貌、温柔,对自己的伴侣无微不至,但他没有意识到他一直在限制他的伴侣。

在他们的关系中,他很早就表现得像一个知道什么对她和他好、什么对他们和整个家庭好的人,他才是这个家庭的领导。

"我们毕业之后就结婚,有了孩子之后你也可以继续工作,因为我们会找到照顾孩子的人。

"还是住在乡下更好,因为生活很方便,我希望你也同意!

"我们一回去就搬家,因为他们提供给我的工作更有趣,别害怕……我先去熟悉一下情况,然后你再过来找我。我会试着给你找工作,在和我邻近的部门里谋个好职位。你瞧着吧,没问题……我什么都想到了……"

就这样,12年来,"没问题"或"我什么都想到了"(这是他们结婚几年之后她给他取的绰号)实际上处理了两个人所有的问题……没有出现明显的障碍,妻子表面上一直完美地配合他。

直到有一天他对她说:"我将作为TGV(高速列车)项目

负责人,被公司派往韩国,我们十月份出发,我们会……可以预想……你可以……"

他接下来给出一个长长的清单,列好了各种措施,自己担下所有责任,计划"没问题"地解决妻子和家庭的幸福问题。

然而这一天,他惊诧地发现妻子变成了一个陌生的女人,她拒绝进入他的关系体系。她回应道:"你啊,你也许打算再搬一次家,但我和孩子们都不这么想。我就待在奥尔良,我觉得我的工作很好,这个城市也一点点地变成了我的城市。孩子们安定下来了,建立了对他们来说很重要的关系。我报名了舞蹈课,我有喜欢我的朋友……"

"所以你想离婚?"他克制地喊道。

"不是离婚,只是告诉你我这次不想搬家。我已经厌烦了,我需要人尊重我的节奏!"

"也就是说你不再爱我了?"

"我想说的不是这个意思。我只是想坚决地告诉你,我不会再任由你支配了……"

危机扎下根了,却没有改变多少。

他容忍了妻子的决定,但不断地试图动摇妻子的立场。他不放过任何一个机会!他对她施加各种压力,勒索或威胁她,为了让她回到之前的关系模式。

而她坚持自己的人生规划，一直期待着他"会理解的"，改变主意，放弃国外的工作。

她甚至告诉我们："我竟然天真地以为他会选择我！"

这场危机持续了好几年，直到最终两人在争吵中断绝关系，对他们来说这也是一种解脱。然而，即使在他们离婚之后，他仍然忍不住给她打电话，继续长时间地说教，在录音电话上留言教育她什么样的休假适合她、应该接受哪份工作……

我把伴侣共同生活中"我们"占主导地位的时期称作"猩猩"式关系，这种建立在"我们"基础之上的关系在某些人身上会持续好几年，甚至好几十年。

或早或晚，其中一方会猛然或逐渐发现，自己在这种无区别的混合状态里完全不受益，而是被禁锢和限制。

当其中一方开始拥有自主权，把两个人区分开，表达不同意见，危机就出现了。这种危机通常令人感到痛苦或焦虑。这意味着伴侣生活进入了新的阶段，也就是差异化的阶段。

"是的，我也喜欢莫扎特，和你一样。不过我尤其喜欢的，是他的钢琴协奏曲，而我知道你是美声发烧友，你更喜欢莫扎特的歌剧或咏叹调。"

"我其实也很喜欢和你做爱，但可能不符合你提出的时刻或节奏……"

"我以前都以为你喜欢乡村、自然和小鸟。我花了很长时间才发现，你尤其喜欢的是你父母的房子……我觉得我不得不在那里度过大多数周末时光！"

另一方会慢慢地，苦涩地，然后肯定地发现，他/她有自己的愿望和计划。对自己忠诚不一定等于对另一方不忠。

"我给你留下了喜欢登山和打网球的印象，但我真正喜欢的是你，所以我才会和你一起出门活动。从今天开始，我可以继续爱你，同时放弃登山和网球俱乐部，把时间花在我喜欢的水彩画和电影上。"

这种区别更明显的定位会让一个人更好地关注自己。

这时，伴侣生活的大方向会发生转变。如果关系中出现的损耗、压力、竞争和对立没有过多地伤害两人，他们将学会更好地分享，更真实地向对方敞开自己的心扉。

从爱情初期的混合共生阶段到差异化阶段，仅仅有所意识或觉醒是不够的，还需要具体、谨慎地界定自己。勇敢地承认自己和对方怀有不同的愿望、想法、感受和计划,这并不是一件轻而易举的事。

这样做还有可能扰乱对方,使对方焦虑不安,有时甚至痛苦万分。

"你可能因为我拒绝陪你回你母亲家而感到难过,但我希望你能明白是我的态度触动了你,而不是把你的痛苦归因于我,使我产生负罪感。"

"我对你的感受不负任何责任。你的感受属于你自己……"

乍一看,直接这样告诉对方是一种令人无法接受或容忍的自私甚至冷漠的行为。

然而,如果我们承认一段关系包含两方,每个人都应该对自己负责,那么我们就会发现,是我们自己产生了种种感受,有时还持续受到痛苦的折磨。我们带着这样的感受和感情,要么通过罪化、贬低或爱的绑架,试图向对方施加压力,要么贬低自己,蔑视自己。

当然,体会到另一半转变的人,很难一下子轻轻松松地接受这种思维方式。他们身上有时会出现幼稚甚至自恋、过分的反应,因为首先体会到转变的人无法立即意识到被伤害,而把这一切看作不公甚至是意料之外和无法理解的。

紧接着是由此而来的关系悖论。生活在自己最幼稚、最隐蔽的小世界里的人被深深触动，向另一方施加愤怒、苦涩、真心实意的指责。

"你太自私了，你只想着自己，你就像一个被宠坏的孩子，你正处于青春期危机中……"

"我认不出你了，你和以前不一样了。如果你认为这样我们之间的关系会更好……"

很多伴侣之间都会发生过度的戏剧化，令人窒息，焦虑不安，似乎其中一方的相关变化牵涉到一切：感情、伴侣生活，甚至要不要继续在一起。

在日常生活的大多数行为中，一切似乎都成了问题。这种防御力量密集而突然地凝聚，引发了双重冲突阶段：和伴侣的相互冲突，以及和自己内心深处矛盾的冲突。这一阶段还伴随着放弃、重新接受、控制对方的想法，或者希望回到"还是这样比较简单，不那么危险，更轻松……"的阶段。

超越与日常生活相关的小小的不幸、误会、快乐和意外事件，超越伴侣生活初期不可避免的适应或磨合，第一次能够动摇两个人在一起的决心的根本危机就源自这个疑问：如何从"我们"过渡到个性化的"我"？对有些人来说，这个"我"的出现和以前完全不同，那么不合时宜，气势汹汹，于是他们拒绝、放弃、贬低甚至否认这种现象。

试图通过维持平静的"我们"状态获得安全感的一方，可能会把"我"的出现看作抛弃、不爱或提前放手的标志或证据。在伴侣关系中希望维持混合状态或无差异状态的一方，无法容忍这个"我"突然闯入生活，使那么多神话变得可疑，要求在关系中重新定位种种愿望、计划、习惯和生活方式。伴侣双方都可能有这样的感受。

"我在自欺欺人。我想让自己相信我还爱他，只是为了不意识到我在选择这个男人的时候又弄错了。"

"感到他很不幸，这太可怕了。"

"我像疯子，甚至像无赖一样，只是为了能和朋友们一起出门度过一个晚上，而他至少有三个晚上可以随心所欲地支配，做运动以及和朋友们聚会！"

"是结婚十年之后我才发现，我们之间的关系是单向的！"

"她以前没有自己的需要和想法！她到底想要什么？在她关注关系的各方面之前，我们生活得很幸福……"

希望让伴侣生活禁锢或迷失在无差异状态的一方会进行抵抗和斗争，阻止伴侣生活向着差异化阶段前进。这个过程不会一帆风顺。

如果我打算度过伴侣生活中最艰难的两次危机，那么我应该知道：

• 从一到三的可能性。（从"我们"的那个"我"加上各自不同的那个"我"）

• 发现我们始终是三个：你，我，我们之间的关系……

于是我有机会维持一段有生命力的关系，不仅是和另一半的关系，也是和我自己的关系。

在这一时期，这种危机可能导致潜在的、没有结果的冲突，导致威信之争，有时还会引发真正的精神暴力和肉体暴力。

"我觉得我生活在中世纪，他没收了我的汽车钥匙。我发现他竟然检查里程数！"

"走到这一步真是太疯狂了,完全搞砸了,两个人都无能为力!"

这就是我称之为关系恐怖主义的开始,意思是伴侣其中一方不理解(或者不愿意理解)"凌驾"愿望和"朝向"愿望的区别。

"凌驾于对方"的愿望既可怕又令人悲伤,因为它首要的目标就是拥有对方的愿望。这种愿望像殖民者一样占领着对方的愿望,要么据为己有,要么加以限制,或者使其服务于自己的愿望。

"我希望你会爱我的妈妈。"

"我希望你喜欢我为你做的一切。"

"我希望当我想做爱的时候,你也会想。否则你就不正常,你是性冷淡!"

"我希望你会同意,我们把儿子送到私立学校去。"

"尽管如此,你还是可以努力一下啊!"

"凌驾于对方"的愿望是侵略的,扩张的,专制的,甚至是计划吞并对方的愿望。

"朝向"愿望更开放,更注重人际关系,尤其是更能容纳潜在的温情。

这种愿望的提出不伴随强迫性，不要求回报或互惠互利。它作为一种愿望存在，也就是说作为自发的倾向，可以独立存在，不受任何限制，不需要被满足。

你必须知道你到底想要什么！

如果你希望我和你在一起，那就独立起来吧！不过别忘了，我喜欢顺从的女人……

在餐馆里听到的对话

应该把愿望和它的实现区别开来。

在走向成熟的漫长过程中，性和情感的圆满会逐渐受损。伴侣中的一方始终认为自己的愿望或给对方的爱至高无上，有多少性问题和心理障碍与此有关啊！

这方面的成熟要求伴侣内化整个过程，从凌驾于对方之上的束缚愿望转为朝向对方的具有创造性、开放性的愿望。

当然，这并不意味着否定或弱化自己的愿望，而是不再把它们强加于对方，甚至意识到愿望的实现既不能在这一时刻完成，也无法在这段关系中体现！

我能听到并指明我说的"是"和"不"是从哪里来的吗？

我能辨认出我在和谁说"是"或"不"吗？

我在用头脑说"是"吗？（为了取悦他人，为了维持和平，为了不施加伤害……）

或者我在用心说"是"？（为了和我自己达成一致）

我说"不"是出于对抗吗？（为了反对，为了使他人烦闷，为了挑衅……）

或者我说"不"是为了和对方区别开来，确认自己的不同之处？

我说"是"或"不"是为了我自己，还是针对他人？

真正的"是"和"不"是三重的"是"或"不"。

它们是我同时用头脑、心和情感说出来的，为了我自己。

最有活力的"是"和"不"是对另一个人说的，为了他，也为了我。

恰当的"是"和"不"巩固了我内在的一致性和相容性。

我梦想中的男人，爱的是我身上不依赖于他的独立的一面。

彼得·汉德克[①]

从差异化到对抗

我之前介绍了这种观点：要想维持和谐的伴侣生活，就得试着从一到三，经受混合阶段的风险和圈套，发现差异化，建立可能的三角状态。

解决这些初步危机之后，长时间在一起的伴侣将面对新的进展，新的过渡。

重点在于意识到我们总是三个：你、我和我们之间的关系。

如果这段关系很重要，那么它值得一切关注、呵护、温柔和爱。我爱对方，仅仅这样是不够的，我还需要爱他提供给我的关系，他也得欣赏我提供给他的关系。

---

① 彼得·汉德克（Peter Handke，1942— ），奥地利作家。
　　——译者注

意识到一段关系是一段成长的过程,把关系看作需要尊重、滋养、增值、刺激和赋予活力的第三方,两个人彼此充满爱意的未来就取决于这重要的一步。

我经常把伴侣关系比喻成一条围巾,左右各有一端。每个人既要熟悉这种形象定位,又要注意优先照顾其中一端,也就是自己那一端。

这个概念不仅承认一个中心思想,还承认一条中心轴、一个有力的落脚点,以维持一段关系的生命力和对每个人的尊重。

然而,发自内心地相信这一点是很困难的,因为它提出了那么多问题,动摇了我们的决心和习惯!

它质疑我们的信仰、条件反射、教育指令、神话,以及我们心中自己美好的形象:"先人后己","优先考虑自己,把自己放在前面,这是不对的……牺牲自己,为别人做出努力,这是正常的"。

因此,由这个关键概念而来的生活方式和定位,很难穿透我们的集体无意识和日常生活。相应地,激烈地抵抗或更隐秘、更安静地抵抗不断增强,以反对这种变化。

抵抗的激烈程度和它所唤醒的潜在的恐惧程度直接相关。这些抵抗会引起怠惰、退化或心理障碍,主要为了试图逃避这种结构化和十分可怕的责任!是的,我负责,这意味着参与我为另一方做的事情和另一方为我做的事情。

我对我选择的关系和采取的行为负责！负责，而不是承担过错。事实上，"负责"这个词对我来说意味着属于我、必须完成的义务、责任和负担，我既是一切事情的罪魁祸首，又是唯一的负责人，不管发生什么，我必须对我所做的一切做出回应。

"对，我同意，确实如此，是你把我拖进了这个苦差事，不过，是我自己自愿追随着你，选择这种生活。"

"是的，是我自己更愿意把精力浪费在嫉妒别人的轻松、独立和自由上，而不是用于做一些事情，满足我自己的成功需求。"

"我最终明白了，是我在限制你，强迫你符合我的要求和计划行事，每当你有不同的想法或计划，我就难以忍受，我把它看作对我的拒绝，甚至是一种否定！"

建立并维持一段关系，意味着要学会：

整理那些游移不定，甚至扰乱我们和自己相处的关键因素。协调自己不同的愿望，体验开放的感情，在对方身上看到自己的矛盾之处，这些并不是那么简单。

不断在内心深处灵活地协调自己的愿望：

"我感觉自己怀有不同的愿望，它们经常是互相矛盾的。"

Jamais seuls ensemble

"我需要在内心深处做出最艰难的选择……"

"当我弄不清楚自己的立场时,我倾向于把自己的矛盾抛到对方身上。于是,我把一个难题推给对方,其实那是……属于我的!"

同时体验多种感情,包括有时互相对立的感情:

"我可以在你提供给我的关系里,爱你、恨你,抬高自己或伤害自己……然而我接受了这一切。"

"我可以感觉自己被爱着,同时痛苦地感觉到我的爱没有被你接纳……"

"我还绝望地发现,或清晰、敏锐地感觉到,并不是非要和你在一起,我才能满足自己最迫切的交流和分享的需要。我可以寄希望于未来的某一天。"

从发生在别人身上的,看起来已过时的同类现象中反观自身,并做对比。

维持伴侣关系最关键的,是在两个变化发展的自由人之间建立互相尊重并不断更新的同盟。

责任与承诺

在伴侣关系中懂得对自己的一端负责,鼓励另一半对他那一端负责,接受这种想法对我自己的人生而言是一次奇妙的顿悟。要知道,尊重自己和尊重对方并不体现在意图、努力、明智的决定、承诺和借口中,而主要通过具体的实践完成,我们需要始终在日常生活中强化这个显而易见的道理:一段关系总是包含两端。

我深深地懂得,在伴侣关系中只考虑自己这一端是多么困难,因为所有文化、教育和家庭的因素都鼓励或引导我们承担对方那一端的责任。当道德模范们叮嘱我们尤其要重视自我牺牲精神,迎合另一半,并在一定程度上错误地尊重对方时,他们促使我们形成一种同谋关系(并非总是消极的)。在这种广泛的同谋关系中,我们保持沉默,转移痛苦,以古老而神圣的思想之名依赖于对关系的服从。

当我详尽解释,不要阻挠对方关注他那一端时,我还要提醒一下,我们是多么容易忽视自己这一端。我们常常为对方着想,代替对方思考,以此对他们进行可能的控制。

当我学会如何定义自己，如何把自己和你区别开来……并敢于对你说"不"，我就开始尊重自己了。

当我走出被拒绝或被抛弃的恐惧，我就可以放下自己是坏人这种难以承受的感觉了。

当我勇敢地发现，我能够满足曾经指望你实现的需要时，我就可以成为一个独立的伴侣，和你建立一段完整的关系了。

强调这一点是很重要的：无论西方还是东方，占支配地位的关系系统主要在于限制对方，或者被他们限制，在某种程度上存在着一种巨大的关系骗局，并且不断被维持、重视和培养。

在这种骗局中，出现了大量潜在的反常现象，它们似乎得到了每个人的认可。依赖和服从、反抗和冲突随之而生，成为这个系统自然而然的结果。

会不会有一天，学校里会开设交流和人际关系的课程？

会不会有一天，出现一种教育，帮助我们意识到问题，使我们能够健全地从普通关系进入伴侣生活中？

会不会有一天,我们在紧急状态之前醒过来,不再沉默?

在这些变化过程中,最困难的就是不仅要和自己的文化、家庭以及社会环境做斗争,还要和我们的亲朋好友、周围最亲密的人,当然还有和我们面对的环境做斗争。

对多数伴侣而言,"良好"关系的神话依然有着生命力。

"需要互相理解。"

"每个人都得付出。"

"对方应该明白,我生气是很正常的……"

"要学会妥协……"

啊!架势十足的让步,乍看之下会平息冲突,接下来让每个人都不满意!

我在谈论关于你的事情的时候,我觉得我在对你说我。

当我让你说关于我的事情的时候,我也感觉你在说你。

在这些间接的对话中,我走上歧途,想要在没有你的地方追上你。

> 你也迷失了方向,试图在我已经离开的地方听到我的声音。

良好的伴侣关系常常暗含着奉献和牺牲,并且这种奉献和牺牲是相互的,并非是其中一方的专属。

关系失衡、回报不平等和统治支配,这些现象隐隐地嵌入了伴侣关系的经纬中。

"互相理解"这个词常常被看作意见一致的同义词,而更恰当的理解是把对方当作和自己意见不同的人互相倾听。

其实,在大多数情况下,一方要求另一方同意自己的想法,是为了说服对方或让其站在自己这边。虚假的接受、服从和难言之隐就这样累积起来,成为伴侣关系受到污染的早期征兆。

这些污染会持续发生,最终转变为关系破裂的力量,这一点我们以后再说。有时,它们那么严重,危害性那么大,不仅伤害关系,还伤害感情。

如果把关系看作两人之间的双向管道,我们就可以想象出这样的画面:这些管道被油污堵住,再也无法让交流的活水通过。

分享的生命力取决于关系的稳定性,又与培养忠诚度的能力有关。

相遇，不管多么美妙，都不会全部转化为关系。

任何关系都有生命期限，与真正的生命无关。

每一份爱都是独特的，无法互相交换，但和一段关系的浓度、创造力，以及按相遇节奏维持的交流的质量有关，从中汲取营养或腐坏变质。

情感、感觉和关系这三者完全独立，却又紧密相连。

在实际的伴侣生活中，忠诚并不是原则问题，而更多的是承诺问题。

除了向另一个人做出的承诺，我们决定将伴侣生活纳入共同的未来规划时做出的主要承诺尤其关乎自己，从这种私人承诺中生发出其他承诺：感情的、经济的和社会的，这些承诺有时会充实私人承诺，有时则会损害它。

最持久的忠诚似乎建立在关系质量的基础之上。

忠诚不仅是体验到的心理满足的一部分，还构成了预期和在一段和谐的关系中令人期待的安全感。

对我来说，忠诚的主要落脚点在于对自己的忠诚，忠诚的人保持着强烈的自尊感。

Jamais seuls ensemble

两个个体的忠诚交汇、碰撞或相互补充,成为伴侣之间的忠诚。

> 我向你发誓,我会对我们的爱情忠诚。
> 安德烈·孔特-斯蓬维尔[1]

我可以指控或实实在在地控诉另一半,如果这些年来发生了以下情况:

- 我拒绝去感受他的行为如何触动了我。
- 我无法辨认自己身上被唤醒并处于悬而未决状态的东西。
- 我不清楚这个和我如此亲密的人是怎样在今天用一句话、一个行为或一种态度揭开了我过去的伤口。
- 我拒绝承认,是我选择了他,同时愿意被他选择,和他维持关系。

---

[1] 安德烈·孔特-斯蓬维尔(André Comte-Sponville,1952—),法国哲学家。——译者注

- 不管他能够做什么，说什么，不做什么或者不说什么！

最近发生的一件趣闻可以同时说明从亲密型伴侣到差异化伴侣这段过程的重要性和难度，以及敢于冒风险成为冲突型伴侣的理智。

一位著名作家前些天邀请我去他家里，跟他的妻子和孩子们一起吃饭。

在这次见面中，他告诉我，我在他的生命中是一个可恨、讨厌而又极其重要的人，但我自己完全不知情。我对他来说就像一种反衬或参照，之后也像向导。

"如果我7年前遇到了你，"他对我说，"我一定会掐死你。"

"整整3年，你就是我的噩梦，是我在世界上最恨的人，我希望你不存在，甚至消失！"

"我妻子，"他补充道，"参加了你的培训讨论会。她读了你的作品，把你当成绝对的参考！每次她从培训班回来，我都像进了地狱。她非常热情，甚至过于热情地把你的教学应用到实践中！她向我重复这些话：'我请你不要说我的事情，还是告诉我你的感受吧。''当我拒绝你的时候，你哪里受到了伤害？'……"

"我每次提到'我们'的时候,她就重复、区分她自己的计划和想法。她从那之后就开始使用一种全新的陌生语言,我受不了。

"她宣称有自己的愿望,这些愿望有时和我的相反……够了!

"她表达各种意见,她以前从来不会反驳我,尤其不会阻碍我。

"这么多年来,她一直站在'我这边',温情脉脉,绝对服从,善解人意,一心讨好我,尽力不让我失望或给我添一点儿麻烦!

"突然,我觉得她处于我的对立面。我很不舒服,再也不知道怎么跟她说话了,觉得自己笨手笨脚,是个混蛋!

"我都认不出她来了。在我面前的是一个不同的人,她为自己制订计划,有些计划跟我有关,有些跟我无关。

"我面前的这个女人敢于心平气和地说:'我理解你的欲望,但我今天晚上没有兴致。我们可以紧紧相拥,互相爱抚……'这种全新的说话方式让我感到害怕。这种语调和做法让我焦虑不安。

"这真是太可怕了。我揭穿你的把戏,不再信任她,我经常大发脾气!

"有时候我会冲她喊:'别来萨洛梅那一套。'你被洗脑了,你的精神被这个家伙控制了!

"我也认不出我来了。我是一个相对平静、殷勤的人,大多数情况下都很沉着,却变得一交流就勃然大怒。"

"我应该向你承认,"他继续说,带着大大的微笑,"我烧过你的书。我撕毁你的文章,我用愤怒的评论涂抹你关于伴侣、孩子和肉体关系的观点。我再也不想接触任何这种全新的关系信条,我对此忍无可忍。是的,千真万确,有一天晚上在怒火中,我把你的书扔进了壁炉。我开心极了!"

"我在两三年间对我妻子和你发起了毫不留情的攻击。每当她开口说话,我就讽刺道:'萨洛梅,你来了啊。'我粗暴地就她的每一个观点和她争吵、辩论。

"我努力消除任何我眼中的不良影响。我不得不向你承认,我甚至给家庭保卫协会写信,揭发我当时称之为'心术不正、背信弃义、毒害思想、动摇家庭的行径'。我是那么绝望和盲目,做出了这些蠢事。

"我还写了一篇文章,但一直没有完成,我试图把你和报纸上说的那些邪教组织混为一谈。

"我满怀恶意,什么都做得出来,因为我在无法理解和控制的内心世界里苦苦挣扎着!在我妻子决定参加人际关系培训之前，一切对我来说理所当然的事情，都变得过时、无效、不合时宜。我觉得自己无能为力，但没有勇气承认这一点，宁愿指责、贬低对方，把对方当成讨厌的坏人。坏人就是她和你，尤其是你。

"这种情况持续了好几年，我们多次濒临关系破裂和分手。一切似乎都成了问题，最小的交流也会转变为冲突和没完没了的争论，而且越来越频繁地转变为否定。我很容易冷嘲热讽，怒气冲冲，所以我们在尝试交流之后变得更受伤！

"如果人际关系培训的结果就是这个！

"如果说我现在敢于承认我过去经常不诚实，有时甚至付诸暴力，失去理智，我要归功于我妻子的勇气、毅力和爱！

"我们之间的关系越糟糕，我妻子就越高度评价我们的关系。我们的冲突越严重，她就越提醒我，我对她来说是一个多么重要的人，她真心希望和我一起生活，分享人生规划，即使这种人生规划不在那时向她提供的关系系统中，而她维持这种关系系统已经将近18年了！

"我越攻击她的观点，她就越肯定我的观点。'是的，我明白这是你的观点，你此刻有这种感受。'

"转折点出现在我和我儿子马克的一次对话中。他当时14岁，他想要一辆轻便摩托车，计划去科西嘉岛度假。他在攒钱，但需要我的同意，才能实现这一切。

"当他把计划告诉我时，我本能地开始贬低他的愿望，让他的计划转到适合我的方向上，或者转到妨碍我的反方向。于是我反驳道：'你这么笨，别琢磨了！你以为你会长时间地骑轻便摩托车吗？你最好还是把精力用在步行和数学上，而不是异想天开。'是的，我那时完完全全就是这个样子，相信自己，在别人眼中自信满满，把握十足！

"马克坚持着，按他的步调行事。有一天，我正唠叨他的事情，他对我说：'爸爸，我关于轻便摩托车和度假的计划属于我，告诉我它会对你产生什么影响！跟我说说你吧，爸爸。不要再谈我的事情了。'

"我觉得自己都要疯了，我气得大喊：'你现在也开始搞萨洛梅那一套了，你也想教我怎么跟人交流！'

"我的儿子马克，激动又坚定地用断断续续的声音说出自己心底的话：'不是的，爸爸，你已经和妈妈提到萨洛梅了！几年来，你一直因为这个跟她吵架，你没完没了地说她萨洛梅化。每当她想和你说点儿她自己的事情，你就挥舞着萨洛梅稻草人。今天，爸爸，在我们两人之间，萨洛梅不存在。是我在跟你说话。我告诉你我关于度假和轻便摩托车的计划进展如何。爸爸，我请你用自己的语言，说出自己的感受，不要躲在萨洛梅的幽灵背后！'

Jamais seuls ensemble

"这不可怕。晴天一个霹雳,蓝天重现,阴云显得没有那么沉重了。我好像一下子清醒了过来。我的儿子,用这句公道的话,用这种明确的姿态,向我指出了我在此之前做不到的事情——敢于和自己对话,谈论自己,表达自己真实的感情和情绪。见证站在自己儿子面前的真实存在的人。他是坚定的,可以与之对抗!可以和他说话、交流、分享。

"我儿子马克的这句话,似乎我是第一次听到,而我的妻子莫妮克已经对我说过成千上万次了。这句话像潮水一样,冲击我所有的体系,涤荡着我,洗刷一切。

"从那一刻起,我的身上发生了一场真正的革命。说出这个词并不容易,我'重生'了。

"我在工作中和编辑打交道时,和朋友之间,尤其是和家人之间,都像是变了一个人。

"这就是为什么我今晚邀请你。我不想感谢你,因为我经常差点儿迷失在你所说的"关系保健守则"中,但我想告诉你,我非常高兴这个世上有一个你这样的人,始终致力于伴侣关系中的启发、意识化和责任化。"

听到这些话,听到从这个男人口中说出和我自己的抱负如此相近的一番话,我十分感动。这肯定了我选择的道路和方向是正确的，也证明在通向和另一个亲密的人或自己更好相处的道路上会不断出现各种障碍。

我详细地记录了这次谈话，在我看来，它突出地显示了经营一段生机勃勃、运动变化、纷繁杂乱的伴侣关系的困难性。它揭示了伴侣关系中的某些劫难，这种关系充满危险和真诚的误会，我们在其中使尽浑身解数，伤害了对方或自己！指责、攻击、贬低或埋怨、怪罪，时不时甚至伴随笨拙或粗暴地互相推诿。

我们总是痛苦地认为对方应该为不和谐负责！

只要我们无法理解并记住一段重要的关系必须被双方尊重，就总会有一个人在期盼、希望、等待、怂恿，然后在绝望中要求……对方做出改变……最终白费力气。我听到过多少次：

"我希望他跟我聊聊他的事情，表达他的意见，和我分享他在这种或那种生活情景中的看法、感受、观点或感觉……我苦心经营了22年，只是想让他开口说话！现在我放弃了。我再也无法容忍自己对他的敌意，我讨厌自己的抱怨、指责和尖刻。

"当我告诉他我打算离婚时，他非常震惊。他以为我想离开他！不，我离开的是自己那副难以相处的面容，我再也无法与之共存。我再也无法接受自己永远在指责对方的样子。我知道自己原来不是这样的,我身上还有等待被唤醒的快乐和活力……"

分手,尽管表面上我们离开的是另一个人,但实际上,我们再也不愿面对的是自己——在这种相处模式中的自己。

要知道,今天 70% 的情况下,提出离婚的是女性!她们不再满足于洗衣、熨烫、做饭、抚养孩子,而是希望拥有一个完整的伴侣,可以与之交流,分享,共同成长。

分手就是绝望地试图挽回已经失败的事情。

敢于最后时刻在尊重中互相倾听,能够不互相伤害或诋毁地分手,就是保留完整的自己。

有些日子

有些日子，

互相倾诉是那么困难！

有些日子，似乎不可能互相理解。

哦！这里指的不是陌生人或外人，

而是我身边的人，

是我爱着的和爱着我的人，至少他们是这样说的，

我与他们分享我的生活，与他们如影随形。

有些日子，

我对你说的话让你动摇，我听到的话让我惊慌……

有些日子，

我在一句简单的、被误解的话里失去了你，

这句话既不与你的情绪波动相吻合，

也不与你那时的感觉相契合。

有些日子，

我在无意中发出

一连串刻板的回应、评判和审讯，

似乎掀不起一丝波澜。

有些日子，

我感到自己被审判，被贴上标签，被贬低，毫无价值。

有些日子，

我像你一样采取行动。

而最可怕的是，

我并不觉得自己是个骗子。

我发现得很晚，太晚了，

我们两个人已经疲惫不堪，

只剩最宝贵的

沉默。

我们紧紧抓住自己的拒绝，

就像抓着救生圈，

把它当作最牢固的保护层，对抗迷失的焦虑。

有些日子，

你摆脱了我，

而我也摆脱了你，

满身伤痕，麻木，绝望。

有些日子，

经过乏味、无趣的交流，

我们一点点地失去了彼此。

有些夜晚，我不知道

你在哪里。

有些清晨，

我讨厌这种两个人的孤独，

所谓的亲密关系。

有些日子……只是日子而已。

于是我寄希望于所有其他的日子，

在那些日子里，你和我创造每一天，

为了携手搭建两个人的未来。

（作为母亲）……我们都希望男人能够改变，但在抚养他们的过程中并没有做到，只能把这项任务转交给他们未来生命中的女性了。

丹尼丝·邦巴尔迪耶[①]

永恒不变的是变化。

若西阿纳·德·圣保罗[②]

[①] 丹尼丝·邦巴尔迪耶（Denise Bombardier，1941— ），加拿大记者、小说家、电视主持人。——译者注
[②] 若西阿纳·德·圣保罗（Josiane de Saint Paul），法国心理治疗师。——译者注

第三章

伴侣之间的凝聚力和分散力

Forces de cohésion et forces d'éclatement dans le couple

任何一对伴侣都是一个复杂的系统和独特的有机组织。它无法被局限地理解为双方各自的欲望和特点的汇总,而是超越了两者特性的简单相加,因此伴侣拥有完全属于自己的特征和法则。伴侣要适应内部和外部的干扰力量,屈从或摆脱矛盾或对立等种种力量形成的力场。其中一些力量在稳定、融合、维持不变、熟悉、安全和已知的方向上发挥作用。它们的目标在于巩固、加强和强化联系。这些就是凝聚力。

另一些力量在对抗这种联合,考验、虐待它,使它失去平衡,分崩离析。这些力量会催生变化,以及伴侣双方对自主、个体和独立的需要。这些就是分散力。

凝聚力和分散力之间存在这种功能两极性,它影响伴侣两人的活动,维持着伴侣关系和生命力。两极性的平衡一定是脆弱的,不稳定不牢固的。功能两极性的发展必然导致关系的变化和调整,有时促进巩固,有时与此相反,加速破裂。

凝聚力

希望长期在一起、越来越亲密的伴侣双方会遵守一条重要的健康关系规则。

越是亲密的沟通,话语和口头交流越是不足以沟通。

所以他们会使用在口语之外能够调动的其他语言,以便在亲密关系中交流和共处。

我将列举这些语言中的一部分,它们在大多数情况下是被偶然或全凭经验使用的,但应该被认定为顺畅交流必不可少的因素。

情绪语言:

情绪是最好的分享感受的方法。

每当一件事、一句话、一种态度或一种行为引起反响,它就会展现、唤醒我们过去敏感的经历,或刺激产生一种未完成的情境,相应的情绪上升到此时此刻。记忆的气泡被困在逆流、言外之意、沉默或身体的隐蔽处,随泪水浮现出来,随笑容重见天日,或随颤抖、震动和无法控制的激情爆发。情绪和语言一样值得倾听。

当我听到有人说"我太敏感了,没法控制自己的情绪"时,我想这其中肯定有什么误会。两个人亲密的分享关系、接近和共处将唤醒并发掘很多过去的情境。一句话、一个动作、一件事也许就能发掘出那个曾经的孩子,或被欺负、受伤害,或自信、热情。伴侣双方能够把情绪当作一种语言去倾听的能力将成为丰富的伴侣生活的又一重保障。

能量语言:

"能量"这一概念在西方还远没有深入人心。尽管我们通过能量向周围的环境发送积极或消极的信息,它却几乎不会被认为是一种语言。我们用这种语言来污染或任由其污染一段有生命力或十分重要的关系。

然而,有多少紧张、障碍、封闭或退缩是源自我们过于广阔的接受度的?我们几乎意识不到由负能量构成的振荡场!又有多少计划、成就、热情和冲动是由另一个人身上的正能量所激发的?了解这一点的人捕捉并扩展了这种正能量;在亲密关系中管理得当将通向更好的自我,而经营不当将封闭这条通道。

当伴侣中的一方不加掩饰地叹气或更直接地说出"他/她的那些要求和期待让我喘不过气来"时,他/她清楚地说出了关键所在。这是由于缺少空间和时间,每天重复同样的生活姿态和场景引起的长期压抑。

有一些消耗能量的关系,也有一些生成能量的关系。前者限制我们,让我们疲惫不堪;后者扩展我们的世界,让我们更加美好。

给未来一个温柔男人的信

快逃……

我的柔情蜜意

找不到归宿,

因为它很急,很忙。

我的温柔,我愿意把它交给

有时间接受它的人。

这是一份礼物。

就像一席带着爱意准备的

精致的盛宴,

只有当我们全神贯注,

全身心投入

我们才能享受它,

体会到,

珍贵幸福的美味时刻。

但我很贪吃,

对自己也很宽容,不过……

缺少分享……

愿望带来的痛苦,

未实现的愿望。

甜蜜的痛苦,

属于我一个人的梦。

不需要努力,轻轻松松就能做到。

我的思绪回到他身上,断断续续地,

偶然地,经常地。

异常甜蜜的梦和现实,

当我极为罕见地和他在一起时,

在相聚的时刻,

热烈而激情的拥抱。

落在脸颊上的吻，

在脖子上来一下，然后更近……

有时我那样惊奇地接受，

直到事后……才发觉。

愿望带来的幸福的痛苦，

梦幻般的痛苦，

热切期盼……

我知道会有温柔的人到来。

当你说真话时，我的心里满是你的美，感觉在走向更好的自己。

想象与象征语言：

能够分享想象，并且学会不把它和现实混为一谈，就提高了通过信任和取舍进行交流的可能性，打开了绚丽夺目的梦想和梦幻的大门。

这种表达方式建立在安全感之上。在我的想象、某种私密的感受或认知的呈现中，当我觉得自己没有被抛弃、质疑或贬低时，我就有了安全感。

当我因为一段可以讲述的经历，尤其是在和亲近之人的经历不同的情况下，而感到充实、被认可、有价值时，由此而来的亲密感将成为交流的起点。

这些基础条件有利于双方敞开心扉，创造更丰富、更有营养、更具活力的关系空间。

"我对你说我希望在乡下有一座房子，而你回答我说我们支付两室一厅的房租已经很困难了，这时候我觉得你根本没听我说话!

"我在大多数情况下,跟你过多地谈到我自己和我的想象。

"我不想说服你,只是想和你分享我的感受、疑问和我的感情脉络……有时和你的想法是那么不同!"

"我不需要你同意我的想法,我只想倾诉。

"特别是想被认可,也就是说确定我感受到的东西属于我……"

当伴侣双方能够自由地交流时,伴侣关系就会变得更加丰富,也就是说,物品、动作、态度或话语有了意义,促进破裂的关系重修旧好,分歧得以和解。

"当我把儿时的愿望寄托在一个布娃娃身上的时候,谢谢你没有笑话我。

"这么一来,我觉得自己的愿望被认可了,即使你并没有同样的愿望。"

"当我终于能把母亲施加给我的所有焦虑装进一个象征性的篮子里还给她时,我觉得自己不会再让你承受那么多重负了。我们的关系变轻松了,变得更加开放,不再那么紧张。"

"自从我跟父亲聊天,并送给他一个我特意制作的小雕像,以表达我对他的爱——而我一直以为我是恨他的,我几乎认不出自己了。我不再那么需要确认你的感情,强迫你提供爱的证据。是的,我不再那么焦虑,质疑你爱我的能力并因此和你吵架!"

事实上,摆脱原生环境(家庭)的控制、隔阂和隐情的能力使得我们可以打开心扉,接纳此时此刻夫妻关系中的自己。

触觉与善意的亲近语言:

寻求与身边心爱之人的亲近和接触,能够自由地触摸、爱抚和拥抱,不必担心有任何危险,不必履行什么义务,这是伴侣生活中最动人的财富和快乐之一。

毫无保留地彼此接近,互相依靠,拥抱着蜷缩起来,这是献给接纳对方和充实对方的永远的礼物。

动作、皮肤和目光的默契有时那么有力、强烈、明亮和流畅,以至于在某些相处和谐的伴侣身边创造出一种健康自信的光环。

非强迫的存在、接触和触摸不会剥夺、破坏任何东西,不会粗暴地对待任何接受这些的人。[1]

---

[1] 参见雅克·萨洛梅与西尔维·加朗合著的《爱并说出来》,由加拿大人类出版社 1993 年出版。

有多少女性用被迫的性关系来换取她们对温柔的渴望?

有多少女性感觉自己被迫怀抱着对一个曾经的小男孩的思念,又或者——在特定情况下——某些男性被迫接受女孩无休止的"电话粥"?因为她们总渴望关注,担心被忽略或被抛弃。

唤醒性欲,进行可能的身体接触,这是伴侣关系区别于其他任何形式关系的绝对标准。

在某些伴侣之间,有时会出现长期的阻碍、封闭和拒绝——更多地源自身体接触中的失败,而不是沟通不畅。

在身体接触和性接触方面的隔阂会引起障碍和拒绝,而不是像很多伴侣认为的那样,他们把这种隔阂看作感情匮乏或发生变化的外在表现。伴侣生活会始终使用身体语言,学会灵活运用这种语言,了解它的敏感度、丰富性和爆发力是非常重要的。我们给家具打蜡!我们把铜器擦亮!我们也可以赋予日常动作关怀、注意以及温柔的表示。我们可以走出常规和机械的重复造成的监禁。

触觉语言是可以学习的。触摸、抚摸、轻触、按摩、不求回报的付出、不加强制的给予、不求占有的接近:所有这些举动都将提高一对伴侣的潜力,滋养其生命。

只有同意实施这一整套举动,伴侣之间的和谐才会随之到来。

还要注意,请不要把这些标准当作秘诀,而是把它们看成另一条全新的道路，在探索之路上前进的邀请函。

成为心爱之人的伴侣，就意味着陪伴对方，在面包之外分享各种资源和财富，找到界限，扩大潜力。

伴侣生活会构建自己的存在，促进自己的繁荣，每一天都激发伴侣双方选择继续在一起。

伴侣生活是一份礼物，它邀请双方不断地质疑，摆脱习惯和定论的束缚，打开心扉，发现未知的世界。

> 在交流的尝试中，最困难的不是无法表达，而是不被倾听，说出的话被对方驳回、拒绝或否认。

在一起尽可能自由地交流，并对自己坦诚：

交流意味着公开。在此需要提醒一下，这完全不等于愿意互相倾听，意见一致，避免冲突和碰撞。

这种健康且富有奉献精神的公开充满活力，必不可少，令人振奋，并且有创造性，遵循若干以健康关系规则为基础的基本原则，用具体的方法塑造自己。"正常的"自发主义（自然而明显）的神话，向美好的意愿甚至美好的感情求助，这些都不足以灌溉整个关系。这种交流是伴侣在此刻、近期甚至是更远的未来里的活力源泉。

因此，为了能够更好地交流——凝聚力依赖于这些方法。时间是又一难能可贵的支撑因素。给彼此一点时间，从我们的个人体验开始交流、分享、互相倾听，对表达的邀请和恳求不应变成强求、压力或指责："跟我说说你的事情，你什么都不说，从来都不说。"

现代女性主要的抱怨总是围绕着某些男性令人失望或愤怒的沉默，甚至拒绝表达。

> 想象有可能会变成明天的现实。
>
> 它拥有极其强大的力量，不会迷失在路上或我们内心广阔的空间中。在这种条件下，它失去了过于脆弱的边缘或过于易损的浆液，但它的髓质抵挡住压力和酸性物质，抵达了我们最重要的部分。它是我们创造出来的，会离开我们，飞向远方，再回到我们身边。我们创造它又改变它，它给了我们存在的意义，我们给了它生命。
>
> 安娜·菲利普[①]

---

① 安娜·菲利普（Anne Philipe，1917—1990），比利时作家。——译者注

"他不说话，对他来说，只要我在就一切正常……"

"我们每天的语言交流不超过三句，我始终无法进行双向的交流。而当我试着表达自己时，他却心不在焉……"

"我有时候会攻击他，招惹他，为了让他说几句，为了强迫他跟我说话……"

当某些男性面对一切触及他们的内心、感情、经历或情绪的事物时，运用语言表达他们的想法似乎是不可能的，是一种禁忌。在我看来，今天的伴侣面对的最基本的短缺和困难，似乎就源于这一点。

> 需要时间，很多时间，才能建立和谐的亲密关系。
>
> 需要很多时间，很多爱和耐心，才能维持和另一个人的或近或远的关系。
>
> 需要很多时间，很多爱和理智，才能学会互相尊重，才能懂得在我们的忍耐范围之外潜在的脆弱，以及发生在我们身上被理解和尊重后的美妙感觉。

缺少交流和言语分享对现代伴侣来说是一种维生素缺乏症。女人们行动起来，去攻占她们的领地，找回发言的快乐和权利；而男人们越来越沉默，把自己封闭在电视图像中，或沉迷于运动、修理和政治活动。两者之间的距离越来越明显。

然而，正如一名魁北克女性在赫尔[①]的讨论会上几乎冲我喊着所说的："也许有一天，女人们需要适应男人们经常使用的那种超越了话语的语言。为什么不应是男人们来适应女人们的语言和苛求呢？"

我在所有讨论会上提到的著名的三角关系，象征着两个人之间的关系，它可以作为一种有效的支持，促进对一句有分歧的话语的理解和交流。

凝聚力的构建，一开始就是从痛苦的发现中开始。从发现伴侣关系的两端性，这个令人不快而艰难的发现开始，意识到我要对我这一端负责的那一刻起，凝聚力就构建起来了。

每个人都强迫自己（是的，强迫，因为要做到这一点并不容易）不要对另一方指手画脚，也不要让另一方对自己品头论足。

在一段亲密关系里，站在爱人的位置上考虑问题是多么困难啊！

---

① 加拿大魁北克省西南部城市。——译者注

请对方不要为我们考虑,不要替我们做决定是多么棘手啊!

不被爱人的恐惧、愿望、需要和期待所限制是多么艰辛啊!

冒险放弃另一方的赞赏或同意是多么勇敢,而每一次对表达自己看法的人来说都事关重大!

致可能存在的男人

别害怕我的暴躁,

听我说!那是我的痛苦在呼唤,

我的绝望在高歌。

我充满爱意的叫喊,

是藏在我体内深处,

鲜血淋漓的

痛苦

和伤口。

不!别生气,别逃走,

别怒吼,

还是把我拥入怀中吧,

紧紧地抱着我,安慰我,

你会看到,

我将怎样

蜷缩在你的身边。

紧紧地抱着我,

轻声说你还爱我。

我是那么需要

你牵我的手,

你抚慰我的绝望。

我过去总是

咬紧牙关,

扼杀幻想,

痛苦地煎熬着。

同样地,我求你,

听听我的呼唤,你会把

生活的权利还给我。

自我来到人世起,

就没有得到过这样的权利。

阿莱特·热斯科维亚克(Arlette Jeskowiak)

现实需要梦想才能变得真实。

现实需要创造和创新，才能富有生活的分量。

现实需要时间的延续，才能接近永恒。

然而，尽可能自由地交流并不意味着"什么都对另一半说"。

自由交流介于"沉默"和"强迫"之间，"无话可说"和"无所不谈"之间，后者就是把另一半当成公共垃圾场，尽情地倾泻！当关系成为伴侣双方"排放"污染物的唯一场所时，它就会失去生命力、灵活度和奇妙之处。

我能使这段关系免受我在工作场合积压的负能量的影响吗？

或者我认为另一半的存在就是为了听我倒苦水，听我控诉同事和领导？我在迎接另一半的时候会询问他一天的工作还是等着他对我说……或者不对我说？我感觉自己有听众吗？反之，我会倾听吗？

当我仍然因为父母分开而感到万分痛苦时，我会让家庭和睦的朋友为他/她的"幸运"付出代价吗？

凝聚力还依赖于伴侣双方内在的一致性。每个人潜在的定位和信心将加强凝聚力。诚然，如果不先了解自己，怎么能了解别人呢？

换句话说，我们越是关注自己，特别、自主、自由和独立的自己，越是能为对方提供一段有创造力、持久、灵活的关系，也就是说建立在双方的愿望和贡献之上的关系。

学会弄明白自己的个人矛盾、纠结、问题和期待大有裨益，而不是习惯性地把它们"塞给"另一半或者让他/她来承担。这种关注个人健康的做法将大大地帮助我们走出关系陷阱，走出唠叨、指责、冲突和抱怨的可怕漩涡。

在个人经历中，伴侣双方的需求分散在不同的层次上。需要如实、完整地了解它们，不管它们是模糊的，对立的，还是自相矛盾的，即按照双重限制或双重信息的模式组织起来的。

当我身不由己地在内心两种不同、相反的想法之间摇摆不定时，我很可能会变得自相矛盾。有时，因为不肯承认内心的冲突，我把它投射到另一半身上，对他感到厌恶，指责、攻击他。要解决这样的内心冲突，就得做出选择和决定，放弃其中一项。有时，如果我没法决定，外界就会强迫我做出选择。

矛盾或双重限制更模糊不清，对应于同时出现的不可兼容的意见，这两个意见不可能都是真实、可实现的，因为它们互相排斥。某些对爱的需求从根本上来说就是矛盾的,每个人在学习倾听问题时都会变得更开放,更成熟。这种情况经常出现:当伴侣其中一方激烈地要求另一方提供他/她自己无法给予的东西时;当其中一方期待另一方成为别的样子,期待其改变、换一副面孔、不再想现在想的东西、不再做现在做的事情时;当他/她命令对方自由行动,在看似开明的外表之下抛出"你愿意怎样就怎样!"的口号——通常没有比这更可怕、更危险的命令了!

还有一些时候,其中一方会明确、固执地乞求对方的关注、认可、默契或亲近,同时质疑、拒绝或不肯相信这是真的。种种期待、要求和抱怨围绕着被爱的需求,但同时紧随它们的是爱过后会被抛弃的执念。

> 说出来的话永远不会被原原本本地理解。
> 一旦我们相信这一点,就可以心平气和地说话了。
> 不用再担心是否得到理解,不必再有任何顾虑,只需要让说出来的话尽可能地贴近生活。
>
> 克里斯蒂安·博班[①]

---

① 克里斯蒂安·博班(Christian Bobin,1951—),法国作家。——译者注

面对这样的矛盾——伴侣一方不能满足另一方的期待,任何答案都无法真正让人满意。

任何答案都只对应于双重限制中的一个层面。

这种矛盾会引起对方的困惑,让他/她做出自我敷衍的举动。在寻找绝对的爱的过程中,我要么觉得自己缺少爱而不满足,要么觉得被爱着但害怕失去对方。所以我很难投身于一段稳定的关系之中。有时,某些伴侣会全力以赴地敷衍关系。

因此,我可以提出很多标准。对我来说,它们是把长期关系维系在坚实基础之上必不可少的固定点。我丝毫不懈怠、不灰心地提到我开发这种新的关系语法的作品,我希望有一天学校会开这门课程。

每个人都有可能无法应用这种语法,或者想方设法进入其中,希望与之对抗并经营健康的关系。

伴侣生活必然让我们更好地认识自己,尤其是自己的期待、贡献,了解自己在持续的共同生活中不妥协的地方,尽管这一点有时不被认可。[1]

---

[1] 怀有被爱恐惧的人比想象中多。很多孩子在身体里刻下了被爸爸或妈妈爱很危险这种记忆,因为这会引起父母另一方的威胁、愤怒以及明显或隐含的抛弃。

了解自己,也就是在关系的整个未来中,有能力重新实现生活的选择和承诺。

什么时候是提出轻松请求的合适时间?什么时间我所请求的东西也正是你想要的?我将会毫无保留地赞成你的期待。

阿富汗诗人

敢于直接提出要求……就是承担对方回应的风险。

你可以自由地要求……对方可以自由地回应。

敢于走出旧有的模式……总是在亲密或社交关系中保持体面,希望对方满足我们的要求,毫无保留,满心愉快,迅速完成。

学会提出要求(实际上它们不是真正的要求):

指责型要求:总是这样,我提出要求的时候,你从来都不同意……哦!除了足球,什么都不应该问你……

抱怨型要求：我们已经两周没出门了。只要愿意，就能挤出时间！

申请型要求：我受够了洗衣服、做家务，我要求出门透透气，否则我就撑不住了！

间接型要求：你看见邻居们了，他们每周六晚上都出门！

怪罪型要求：如果你觉得一整天待在家里不见任何人很好玩，那你……

陷阱型要求（让对方觉得是他有所需求）：你今晚不想出门吗？

提前回应型要求：我都不用要求出门，因为我知道你的答案！

取消资格型要求：如果是别人要求出门，你会立马答应的。

非要求型：我不能提醒你今天是我的生日，而我喜欢玫瑰……因为我希望你能自己想起来……不用我提出要求。

还有一些超级沉默的要求来自隐含的期待：既然我为他做了这样的事……那他也应该想到为我做同样的事。这只是举手之劳。

所以，我什么也不要求，就这么等着，我的整个态度就是一场沉默的、怪罪的期待。

还有很多其他类型的要求，因为我们通常都是敷衍要求艺术的专家。

还有：开放型要求，这是一种真正的提议、邀请、可能的馈赠……不预设对方的回应。

对经历过的每一刻的鲜活的回忆都是一份充满惊喜的礼物。

突然出现在两个人的回忆中的珍贵或痛苦的痕迹是一处源泉，蕴含着再次的惊叹、无尽的感激或顽固的伤害。

分散力或分解力

伴侣中的分散力有好几种来源：难以发现并意识到由男性和女性的性格不同引起的伴侣双方需求的不同，这些不同的需求导致伴侣共同生活，在大多数情况下建立在对立的原则上。

经典原型：

除构成爱情关系的种种文化差异和礼仪之外，男性和女性的行为中具有普遍意义的特征性区别之一在于他们谈论爱情、梦想和经验的方式不同。[①]女性重视人与人之间的关系，而男性重视与具体事物之间的关系。

女性更多的是就某一主题交流主观感受和看法，与之不同，男性则更关注事物的本身。

承载一个小女孩和她妈妈之间交流的典型话语让位于两个互相说话的人，她们在感情的基础上交换信息。

这些话类似于："妈妈，我想和你在一起……我想让你抱着我……我可以给你梳头吗？你小时候什么样？"

事情在得到的回复中变质了！交流的需要被命令语气的要求和指令取而代之。

"别烦我！把你的东西收拾好！你最好来帮我一把，而不是看电视！你把时间都浪费在读书上了！当心那些男孩！"

"如果取悦另一半，不让对方失望，满足对方的期待，就会得到更多的爱。"很多女性之所以会有这种想法是否源于儿时的一些命令或言语呢？

[①] 吕斯·伊里加雷（Luce Irigaray，1932— ），"L'amour: entre passion et civilité. Enquête et recherche théorique sur le discours d'hommes et de femmes de langues, cultures et religions diverses"（《爱：在热情和礼仪之间，关于男人和女人之间的语言、文化和宗教信仰的调查和理论研究》），*Journal des Psychologues*（《心理报》），1990 年 10 月。

长大之后的少女们会更愿意和伴侣分享感情,交流爱意,而不是和自己的母亲。

小男孩更倾向于说:"我想打球……我想要一辆小汽车。我会成为航海家或护林工。"

他谈的是对物品的占有,他在实践、占有的欲望和对想法的控制中成为自己。

青少年们更多地梦想着情色方面的成就和征服,很少考虑人与人之间的分享。

是否可以把男性和女性之间的主要区别概括为女性重视"是什么"而男性重视"有什么"?

以两种模式存在——在男性和女性之间——对立而互补的行为将以十分特别的方式决定男性和女性与世界的关系,以及如何面对他人。

自由选择、愉悦、责任与义务:

对男性而言,在实现一项计划时采用的态度和行为大多数建立在自由选择和寻求愉悦的基础上。

"是我决定奋不顾身地投入这座小木屋的翻新工程中的,我花了整整 6 年,但凭借自己一个人的力量成功了!"

"我花了 8 个多月整理顶楼，终于为孩子们开辟出一间游戏室。"

"花园里的树都是我种的，这块石板也是我自己做的，没有任何外部援助，里面有 100 立方米的混凝土！"

"我省吃俭用，周末也在加油站打工，就是为了能在乡下买一座房子，让我们可以幸福地生活在一起！"

这一切，在大多数情况下都是这个男人计划、实施、完成或构建的，他从容不迫，每完成一个阶段都感到心满意足。他面对最终结果骄傲不已。接下来他会长时间地说这件事，向朋友们展示，反复讲述遇到的困难和克服困难之后的喜悦。当他最喜欢的电视剧开始时，他还是毫不犹豫地暂停工作，放下钉子和锤子，然后在他选择的时刻重拾这份自愿承担的艰巨任务。

有些人以为，构建或重建幸福生活就像建造或修补房子那样……他们确实花了不少时间建造或修补房子。

在这种自由选择或寻求愉悦的过程中,他可以投入疯狂的工作中,好几个小时埋头于他的作品,全神贯注地修理旧农场或小木棚……他在这些事情上花费大量的精力,这些精力以可见的、具体的、明显的,尤其是持久的回馈的形式呈现在他眼前。他将倾向于比较自己做的事情,实现自己的价值。

对一些男性来说,"成就自我"似乎成为一种存在的命令。

当他的力量减弱时,他会感到自己没用了,失去价值了,他的性格变得尖锐,对另一半的要求增多……

女性几乎不会遇到这种情况。面对不得不做的事情,她们在某种程度上更容易采取条件反射式的举动,坚信自己应该做。

"我必须做这件事。"

"如果我不做,谁做呢?如果我没想到,那谁也想不到……"

"我不能放着这堆乱七八糟的东西不管就去睡觉!"

她们被囚禁起来了,或多或少地意识到要完成的任务和要执行的工作,她们经常身不由己地被束缚在……"必须这样"和"我应该考虑到"……的恐惧中。

她们刚刚清理过地板,就拿起一筐要熨的衣服、要钉的纽扣、要装满的糖罐和油壶。①

一大堆要操持、预料、整理、组织的事情,不然谁来做!她们把这些事情强加给自己!

女性把大量的精力放在眼前的事情上,忙于应付几乎不留痕迹的活动,不停地做短暂而重复的事情,总是重新开始或永远无法完成。

直到今天,通常,大多数女性还是出于文化影响或在代代相传的习俗的重压之下,延续着应该做和必须这样的家庭琐事。她们怀着模糊的愉悦,以及永远无法完成的感觉,"完成"总在苦涩的背景下四处躲藏——因为做的事情甚至来不及被纳入时间中,留不下持续的痕迹:一座干净的房子、一个洗好的盘子、收拾妥当的衣服带来的愉悦来不及沉淀成舒适感、被认可和欣赏的价值感。

这种回馈是本能的,很快就会被忘记或被接下来应该做的事情所取代,被一项新的任务或其他紧急事件,尤其是被应该做而未做的事所取代。

---

① 在这个层面上,魁北克女性放下了不少负担,家务活儿对她们来说(或者看上去),在各种要操心的事情中没那么重要。

转瞬即逝的满足迅速变为愤怒,沮丧的情绪长时间潜伏着,轻易就会被唤起。

任何扰乱已有秩序的事情似乎都令人难以容忍。

随处乱放的鞋子、没有盖好的牙膏、皱成一团的毛巾或未打扫干净的洗脸池,这些都会被看作冒犯或缺乏尊重的标志。

女性很难停下熨衣服的活儿,跑去看她最喜欢的电视剧。她很难为了取悦自己去喝茶!她需要以朋友为借口或在朋友的鼓励下才去看演出。

她总是陷入疯狂的奔波之中,忙于一切不应该忘记的事情,而她的这些奔波……恰恰是为了别人!

经年累月,她的内心积攒了大大小小的不适和细微琐碎的沮丧。通常会由此发展出模糊的被占有感和家务活儿没完没了、几乎令人绝望的不愉快印象。

所有这些日常琐事会累积起来,压垮交流的自由、轻松和奇妙。它们会加重女性的负担,迫使她们接受伴侣蛮横而毫无道理的期待。

而男性从他的角度出发,认为女性每周六都要做家务,那是因为她心甘情愿……

不,她不一定愿意。即使她做家务,那也是因为她必须做,这完全是两码事!

这两种关于义务和自由选择的机制之间产生的碰撞可以引起严重的误会,有时直到多年以后或分手以后才显现。

接受伴侣生活。

这意味着勇于让自己的信念和另一方迥然不同的信念相对立,即使后者有时看起来是一种背叛……

梦想的破灭有时是苦涩的,尤其当我们察觉现实与理想背道而驰时。我们往往希望在初次见面或者在关系的最初阶段,双方的志趣信念就一致或至少接近。

现在……我关于爱情和伴侣生活的神话是怎样的?你的又是怎样的呢?

如果希望过于真实,那它就不再是希望,而是确信。

希望必须是脆弱的,有点儿不确定,向不可预见的未来敞开着。

"我当时 20 岁，怀了男朋友的孩子。他爸妈不喜欢我，认为自己的儿子配得上更好的姑娘，我感到他处境艰难。为了不让他觉得我以孩子苦苦相逼，于是我决定流产。我流产是为了让他完全自由地决定是否娶我！

"第二年，他向我求婚了。我们的婚姻生活如地狱一般，几年之后的离婚也是。我一看见他就直犯恶心。

"终于有一天，我们说起这件事。我得以告诉他我流产的意义，他得以告诉我他娶我是因为我为他做了流产。

"他一边为我做出的牺牲感到负罪，一边因为我为他牺牲而厌恶我！我们的婚姻就是一场持续十五年的流产。"

这个例子展现了一场严重的误会，误会最初源自每个人猜测对方的想法，在这个基础上形成自己的想法，然后参照于此给自己制订条条框框。

他们短暂的指责似乎确保了他们永恒的存在。

永远需要熨衣服，所以熨衣服的人永远在那儿。

克里斯蒂安·博班

清醒的伴侣能够一起分享和辨别两种不同的思维模式：对其中一方来说是"自由选择—愉悦"，对另一方来说是"义务—责任"和"回避愉悦"。他们不会像通常的情况那样，使用互相控诉和指责的话语，而是使用从个人角度质疑的话语。

每个人反思自己在这方面的信念，努力适应这种质疑，并将它融入自己的生活方式。

关于"关系奶瓶"：

另一个强有力地维系伴侣之间的分散力的因素对应于这样的事实，即男孩和女孩是不同的"关系奶瓶"喂养的。一位母亲对男孩和女孩有不同的接受度、禁令或苛求，怀有的期待也不同。对于儿子，她更多地提出希望——希望他成功，好好学习，干净、礼貌、讨人喜欢，在某种程度上弥补她天生的缺憾，弥补差别。"我希望你换条裤子，换个发型，按时吃饭。""我希望"通常代表着对另一个人的期待，是一种被掩饰的要求。

对于女儿，妈妈尤其会表达感情：

"我喜欢你换身衣服。"

"我不喜欢你这个发型……"

"如果你爱我，你就会帮助我，而不是给我添麻烦……"

父亲以更隐含、更沉默的形式提出希望和要求。

在母亲和女儿之间，感情和关系成为同谋的目标，这种同谋通常会让女儿，也就是未来的妻子，认为付出（或得到）的爱取决于她的行为和举动在对方身上引起的满意度。于是，未来的妻子通常建立在这种感情欺骗上。"当我讨人喜欢，当我不令人失望，当我不给别人添麻烦……当我对别人好……我才会被爱。"

> 在爱情最绚烂的光彩中，现在是一份礼物，未来是一个节日，每次相遇都令人目眩，让过去深深扎根于总是愈发美妙的回忆之中。

在希望、成功或自我实现的期待中长大的小男孩，在某种程度上更有价值感。而小女孩将伴随着这样的想法长大：她得到爱，不是因为她是谁，而是因为她做了什么。

20年之后，其中一方（猜猜是哪一方）提出其希望："我想要你"或"我希望"。另一方（猜猜这又是哪一方）表达其感情："我爱你""我喜欢得到你的爱"。

Jamais seuls ensemble 111

这种差距，如果没有被意识到，如果没有被指出来，也将引起各种各样的失望和紧张。它将加剧伴侣之间分裂或纠纷的风险。

不管感情的性质、具体情况、力量或深度如何，都会发生这样的事情，因为关系暗中的损耗会慢慢地破坏最光彩夺目的爱情。

> 爱情不应该满足于给自己带来的幸福。还需要一段高质量、富有创造性的关系才能存活下来。

> 如果一个人不懂人类灵魂的巨大动力：对一个人或同时对几个人独一无二地热情，那他就根本不懂生活。
>
> 皮埃尔·马尼昂[1]

欲望内在形态的不同：

男性和女性的欲望机制受到多种变量的影响，其表现形式

---

[1] 皮埃尔·马尼昂（Pierre Magnan，1922—2012），法国作家。
　　——译者注

不同。最初，从摸索到彼此认可，关系的建立需要完整的互相学习，学习每个人秘密而脆弱的欲望形态。

我们已经明白，男性的欲望更多地以征服为中心，它有时是扩张的，有时是放肆的，有时是侵略的，有时是占有的，有时是统治的。

女性的欲望与扩张相反。它朝向内部，更多的是储存，而非消耗。

做果酱的男性相当少见！

女性拥有欲望是为了扩充和丰富。女性通常愿意给予，慷慨地分享自己丰富和扩充内容，即使有时也会有占有欲。

同样地，在冲动和飞跃如此微妙的相遇中，欲望相反的运动可能发展为互补状态，也可能发展为敌对状态。

有关男性和女性欲望的科学在我们的文化背景下是学习不到的。它有时是无知，有时是惊叹和激动。这些因素对伴侣关系的和谐至关重要但很少被关注，人们对此缺乏热情，我常对此感到震惊。倘若人们不知道交流的方法，某些身体的碰触便不足以唤醒、引导和激活彼此的欲望。伴侣的凝聚力在很大程度上从欲望的交汇和愉悦的充盈中汲取活力。

太多的伴侣缺乏欲望，日夜感到忧伤，身体上的愉悦贫瘠而稀少。

我是否可以邀请每个人更多地关注这个问题,更好地对待自己?

> 欺骗我们的不是别人,而是我们自己对别人的盲目。

分开是为了相聚:

另一种反凝聚或分散的力量体现在伴侣双方是否能够为了相聚而分开。

伴侣关系以参与、互惠互利和自我奉献为基础。但如果伴侣中的一方持续地依恋着过去一段重要的关系,依恋着爸爸、妈妈或旧爱,如果他/她过于依赖这些重要人物曾经的期待和愿望,如果他/她迷失在"假如……就会发生这样那样的事情"的怀旧情绪里,他/她将很难建立新的联系,很难投身其中,并在伴侣关系中定义自我。

也许他/她无法交出最好的自己,如果他/她真实地或虚幻地有所保留,如果他/她任由对另一段重要关系忠诚而活跃的依恋剥夺自己。

这也就是为什么一对伴侣有时是由好几对非正式的伴侣构

成的，潜伏和隐藏的联系比正式的联系更坚固，更真实；投入的精神更真实，更深入，超越了表面上的伴侣。

在最后一刻损害、拒绝或放弃一项计划，拒绝梦想或等待它的实现，在某种程度上就是在浪费生命。这是对他人奉献欲望的无情剥夺，本可以在对方的欣喜中获得的完美计划，也会化为泡影。

在某些情况下，"真正的伴侣"可能包括丈夫和他母亲的关系、妻子和她父亲或她母亲以及其中一个孩子的关系、丈夫和工作或足球、帆船、修理活儿的关系。家务有时会延伸为一种有侵略性的、专制的或迷人的牢笼。

动物的名单并不完整，但爱抚、甜言蜜语和关注有时是专门留给猫、狗或马的。默契关系和被理解的感觉有时是和它们联系在一起的。

也有可能是一段曾经未完成的爱情关系，即使没有付诸行动，它也会侵占伴侣其中一方的感情空间，并有可能破坏一对伴侣目前的关系。

Jamais seuls ensemble

这些不同的伴侣可以是互补的，也可以是敌对的。互补的两人有时会给正式的伴侣带来新鲜的空气，巩固这种关系。

> 一个满足于幸福或不是太糟糕，而另一个想要更幸福。今天，所有夫妻之间的不公都来源于这一点。

> 我们能想象特里斯当和伊瑟生了 3 个孩子，然后一起老去吗？
>
> 弗朗索瓦丝·吉鲁[1]

某些伴侣只能依靠第三方来保障他们之间的平衡。因此产生了很多微妙的三角关系，尖顶牢牢地固定着底座。

某些第三者关系（或称作通奸关系）担负着十分重要的功

---

[1] 弗朗索瓦丝·吉鲁（Françoise Giroud，1916—2013），法国记者、作家、政治家。特里斯当（Tristan）和伊瑟（Yseut）的爱情故事在 12 世纪时流传着众多的版本，作者不详。——译者注

能，这里指的是它们牢牢地、持续地把伴侣双方固定在一起，如果没有它们……双方就会分开！

这种机制似乎很难理解，但我们经常看到一旦第三者离开，伴侣关系就会破裂的情况。

其他时候，一对伴侣中不同的"伴侣"可能进入敌对状态，互相伤害，甚至企图互相毁灭。

"我一直跟你说，那个女人不适合你。"一个把儿媳当作对手的母亲会这样说。

"你很清楚，只有我真正地爱你，你妈妈在利用你，她根本不在乎你。"一个妻子这样提议。

"我告诉过你，一个在外面比在家里时间多的男人不会成为一个好丈夫。"

"我是为了你们这些孩子才留下来的，才没有离婚，不然我早就走了！"

这种日常角力的例子数不胜数……为了争取一个被好几种义务和忠贞拉扯的人的感情。

在床上造人时，我们以为我们是两个人，但其实至少有 6 个甚至 18 个人……在我们那人口过剩的想象世界中。

Jamais seuls ensemble

因此,在一对伴侣的生活中,其他"伴侣"有时会决一死战,为了占有、夺取伴侣中的一方,或和他保持距离。这些冲突的中心人物会试着用各种手段满足、安抚每个人,给他们爱的证据和时间。

剧烈的、慢性的躯体化症状[1](坐骨神经痛、多发性硬化、关节病以及其他麻痹性和致瘫痪疾病)将使人无法摆脱原有的关系,投入与已选伴侣的关系建立中。

一位丈夫告诉我,只有在他的母亲或初恋死后,他才能全身心地投入夫妻关系中。

一位妻子说,只有埋葬了她的父亲或亲爱的兄弟,她才能毫无负罪感地享乐。

如果伴侣双方设法弄清楚自己的历史和过去,如果他们能够根据自己承担的义务、责任或使命就这个问题进行交流,他们就有更多的机会和另一半建立并维持新的关系。

---

[1] 一个人本来有情绪问题或者心理障碍,但没有以心理症状表现出来,而转换为各种躯体症状表现出来。——译者注

女性通常被认为应该接受男性的欲望和期待。
我的观点是男性通常不够直接!

他要求,甚至往往强迫他自己的欲望被接受,然而他希望的却是对方的欲望为他的欲望服务。
他想要实实在在地得到这种欲望。
他通常想要对方进入自己的欲望。极端剧烈或细微的关系恐怖就这样持续着,在性交流的若干尝试中如此明显。

当一个人决定不再任由另一个人的恐惧、欲望或需要限制自己时,爱情关系就可以开始了。

扩张力或闭合力的平衡

伴侣之间的凝聚力和分散力紧密地联系在一起,彼此接近,互相依赖。

追求的平衡建立在这两个因素的比例上：凝聚力和分散力。

这两个因素必不可少，为伴侣生活提供力量。

过分地倾向于凝聚力有可能导致伴侣双方和关系的某种僵化。

致命的僵化或迟钝很可悲，因为这种关系缺少了活力。

至于分散力或分解力，它们在提高伴侣双方的自主性的同时，帮助伴侣维持生命力，度过与发展有关的危机。根据几条基本的健康关系规则是否被遵守，力量的平衡将加强或减弱。这些规则围绕着不可废除、不可协商的要点衔接在一起。我的意思是这些要点不会在每次误会或纠纷出现时被质疑。

要知道，如果这些最小的共同点被长时间地违反，关系就有受到损害、污染或窒息的危险。

我在一份宣传男性和女性的爱情权利的声明中列出了这些原则，在我看来，这样一份声明是显而易见的。

伴侣为避免面对他们的问题，同时又通过迂回的路走向这些问题，而使用的所有策略中，最普遍的似乎就是婚外恋。这是他们绝望的尝试，目的是走出通往灾难边缘——如果不是灾难本身——的死胡同。

奥古斯特·纳皮耶和
卡尔·维特克

在持久的关系中麻木维持还是采取行动

在伴侣关系中,一方对另一方的情感判断标准通常触及人们的敏感之处,尤其当伤口被包裹在沉默中时。这就是为什么我们有时会对感情做秘密、准确和细致的记录,记录所有共同生活中展示的琐事。[①]在大多数情况下,伴侣双方都不愿意先表达感受到的不公和不被理解,甚至是羞辱:来自一个词、一种反应、一句评论、表面上无足轻重的简单的想法、心情的变化……或正相反,来自真正的忽视、敷衍、遗忘和沉默。

正常情况下,对标准的理解通常扮演同样的角色,担负同样的职能,对轻微的波动异常敏感。

---

① 参见《和我说话……我有话对你说》,加拿大人类出版社。

"我过生日那天你在场是很正常的。"

"每天都想做爱毕竟还是正常的。"

"愿意为心爱的男人生孩子再正常不过了,我不明白你为什么要拒绝。"

"哦,对你来说,当我想和你去看电影的时候,待在家里总是很正常……"

有时,伴侣中的一方会给另一方下达指令和任务,通常伴随着另一方令人难以忍受的妥协——得付出高昂的代价来保持关系的平衡。

在一段伴侣关系中,每个人都有成长的空间,因对方的倾听或注视,甚至是因他/她的存在、肯定或疑问而感到自己被充实,被认可。每个人都可以说出来和被倾听,还有什么比这更神奇,更令人惊叹!还有什么比建立这种关系更令人振奋!

"他已经够难受的了，够不容易的了，我不能再给他添麻烦，向他提更多的要求。我不会等着他来照顾我，关心我的需求，或满足我的期待……应该由我来做出努力，放弃我的要求……"

其中一人强迫自己默默地做出牺牲，这种牺牲通常以假想的苛求、在其他方面严格的期待为高昂的代价。

有些人的行为和态度以隐含的表现和协约为基础，这些表现和协约以内部指南的方式引导着他们的生活方式。有些来自选择和命令，比如可以这样说："我决定拒绝或禁止很多东西，为了使你因要与我保持一致也不得不放弃这些东西，或者不再对我有所要求！"

某个男人对他的妻子说："我呢，我确定我不会欺骗你，但如果你欺骗我，如果你有其他关系，我就会离开你，因为我无法容忍……"

当我请他理解是他决定离开他的妻子，是他主张结束这段维持着的关系时，他根本听不进我的话，也拒绝倾听自己内心的声音。

"不，不，"他回答道，"是她想结束关系的。是她的错，她的责任。如果她重视我，她就会知道等待她的是什么。她预料到了，她知道应该怎么做。"

Jamais seuls ensemble

"是的，当然了，这是关系中属于她的那一端，但现在跟我说话的是您。是您给自己下了离开她的命令，如果……"

"不，这将是她的决定，她应该知道我不会让步的……"

当伴侣关系中的双方都试图要用对方也未曾拥有的东西来填充自身的不足时，他们的关系就变成了最可怕的恐怖关系。

每当我邀请这个男人把精力集中在自己关系中的那一端，他就和我谈对方那一端！他几乎不可能承认自己在决定中应负的责任。他不肯承认在决定离开心爱的人时给自己带来的伤害，他那么珍视她。

隐含的关系体系十分活跃、强大。它们的生命力很顽强，有时比垂死挣扎的关系存活的时间长很多。有时，只需要一丁点儿东西就能唤起它们。当其中一方不再用错误和幼稚的帮助模式维持和滋养关系时，尤其会出现这种情况。

长期爱情关系的不同阶段：

爱情关系的生命中可以分为不同的关系阶段，这些阶段可归为两个截然不同的类别：感情类和关系类。关系阶段以多少比较和谐的方式跟其中一方的感情、信仰和梦想共存，我将在此解析这些关系阶段的关键：关系的每个不同阶段，爱情关系和谐与否，以及信仰和梦想等。此外，点明每个阶段特有的陷阱、灾难和危险。

> 爱情在于运动。当它停下来时，它就在不知不觉中奄奄一息了。

磨合阶段：

在相遇的最初阶段普遍存在对另一方和期待中的关系的理想化看法。但现实是存在两个极端的：所有好的方面都在伴侣亲密的小世界内部被感知，所有坏的方面都被否认并排斥到外部（地狱总是属于他人的）。

这一阶段的特征是伴侣双方互相适应，每个人都自然地倾向于调整自己进而与另一半一起创造想象中和谐的伴侣生活。在这个阶段,双方试图否认或抹去不同之处。我会倾向于根据推测出的对方的愿望、偏好和兴趣点,限制自己性格的表现。同时,我会特别关注他身上那些我重视的、触动我的方面和行为。而且我会非常宽容,忽视那些我并不喜欢的方面。从我的角度,我会试着好好表现,突出自身被对方欣赏的方面,不断增加个人魅力,以此营造我的吸引力。反之,我会掩饰或限制对方可能不喜欢的特征。我会放弃我喜欢,但对方可能不愿意参与的活动。与此相反,我会迅速地开始喜欢爬山、网球、画画、艺术……因为对方是经验丰富的运动员或博物馆发烧友……

我在对方身上倾注了大部分期待和希望。我幻想对方会是我想要的样子(而不是他原来的样子)。我试图向他展示我能够最大限度地满足他那些特殊的个人需要。我甚至认为我是唯一一个能够满足其需要的人!

每个人按照自己的方式摸索并试图创造"我们",追随一个把自己和对方联系起来的实体,抵挡未来的不确定性。

个人神话重现,提供证据、方向和立足点,以便巩固这些为维持亲密无间的共生关系所做的尝试。

"不管怎么样,还是必须达成一致。对我来说,一个女人就是……一个男人应该……我们在一起是为了……婚姻是……要有孩子就必须……当我们喜欢……矛盾会得到解决的!"

我们相信别人的神话,并且也渴望我们自己的伴侣关系也可以与神话合拍,和谐发展。

慢慢地,理想化的关系在面对现实的考验时,会被不断调整并趋于模糊。由于伴侣双方自身存在的不足与局限,会导致他们之间的关系受到伤害。双方隐藏起来的、被忽略的方面会暴露出来。一些自恋的伤口开始一点点地被揭开,但仍然是被仔细遮掩的。

这些伤口没有在第一时间被重视,或多或少没有因对方的美好愿景而被掩饰或被缓解,那些伤口带来的伤痛可能一旦遇到沮丧的情绪就会重新活跃起来。

这一阶段可以操作并应该进行的学习内容是学会区分。

力量斗争:

我们不可能不受影响。

我怎么影响别人?

我怎么任由自己被别人影响?

诚然，当它以互相激励、支持和充实的形式出现时，影响有时是好的。

它有时被先验地认为是好的，但随着时间流逝被证明有害。只要两个人在一起，就总有一方试图影响另一方。更不用说，当关系最终确立下来，建立在感情因素之上时。因为任何吸引力都包含向对方施加情绪力量的愿望。

影响对方的尝试多种多样，非常明显或更加细微。对我的观点的赞同被看作两人相似的证明或标记，他接受我的影响被认为是爱的标志——如果还不是证据。反之，发表不同的观点或表示不同意有可能被当成拒绝。

影响的范围产生了，沉默的协约成立了。伴随着重新分配每个人的角色、特征、能力和定位，关系图一点点被画出来，在一些领域"我来做适合你的决定"，在另一些领域"你负责做适用于我的决定"。

如上，希望对方服从于我们的期待或愿望，会让对方在面对我们的愿望和期待时产生恐惧。

在某些关系中，力量和控制与服从之间的关系超越了感情，并且损害了感情的自由表达。在大多数和伴侣的交流中，我可能会害怕占据并维持高高在上的控制地位。

这个阶段的标志是分解力或分散力的登场——随着幻想破

灭，失望情绪的出现，伴侣中一方对另一方出现直接或间接的抵制情绪。这就是隐晦的恐怖关系的开始。

"保持我想要的样子，就像我对你的想象那样，就像我第一眼爱上你的时候那样，就像你一开始那样！"

越是因为对这些变化感到失去安全感，越是无法容忍展望未来，越是坚持停留在这个关系阶段。越是想保持我们之间的亲密和谐关系，越是努力迫使我的伴侣成为他应该成为的样子，我愿意相信的样子，他让我相信的样子……

正是在这个阶段，比较剧烈的性冲突开始出现，一方面伴随着指责和考验（"你什么感觉也没有""你不知道怎么办""你太歇斯底里了"），另一方面伴随着防守反应、抵抗、拒绝、不愿意有所表示和采取行动……在这个阶段，有时伴侣双方会接受令人不满或存在缺陷的性和谐。当这种和谐长时间地所占比例有限时，还可以容忍。如果在其他领域达成一致，身体上的矛盾不会侵占整个关系空间。

这一阶段可以进行但通常很难做到的学习内容是不再希望改变对方。

危机:

这是必经阶段吗?真相暴露、潜在事态恶化的时刻?或者正如词源学[1]指出的那样,在判断力的基础上做出决定的时刻?

危机对应于现状的破裂,这种现状是在选择相爱时做出的妥协基础之上建立并维持的。

危机体现在把精力和感情投入并重新分配到其他活动领域(兴趣点或角色)中,不管这些领域在附近范围(父母的角色)还是扩展到社会关系或职业关系。

这是多少有些疯狂地朝着外部或内部的追求、逃离或躲避:工作、房子、孩子、朋友、躯体化和酒精。

"我以前那么喜欢和你一起做的事情开始让我觉得累和烦了。为了不孤单,我们在一起,而且我们引入了第三方作为屏障。在试图躲避痛苦这方面,我们不乏想象力,但我们对至今使用过的手段和方法越来越不能天真地相信了。"

这一阶段可以进行的学习内容是提升自己,不把目前的关系看作唯一的关系。

---

[1] 克里斯蒂亚娜·桑热(Christiane Singer),《善用危机》(*Du bon usage des crises*),法国星宇出版社。

交流总是必不可少的，尤其对这一阶段有效。特别是它在之前的几个阶段经常被低估和忽视，让位于非口头语言、理想化的自我形象和对方形象的维持。

爱情关系初期的共生经历会产生一种思想相近、分享和移情的感觉，让我们心心相印，以为不必交流。大多数情况下，我们相信自己不用表达感情和愿望，对方应该能理解并猜到，我们不用说出来，尤其是不需要说出来。

> 在和心爱的人或亲近的人分开时，最残酷的……
> 就是再也不能一起梦想。
> 既不能构筑现在，也不能预料未来。
> 与此相关的暴力和怨恨通常来自于无法梦想未来，
> 决定要离开的人暗中强行剥夺了我们的权利。

冲突：

试图度过危机，要先经历混乱和冲突，它们对关系的成熟必不可少。

我能够借助肯定的判断和清晰的定位，走出明显的、反作用的或隐藏着的服从或对立吗？

这一阶段最主要的学习内容在于发现自己，并让对方了解自己。在交流方面提出惯用的参照系是很好的方法，避免被隐含的因素欺骗。[1]在前面几个阶段中积累了感情矛盾，这些因素通常是带有情绪的，表现为指责、不满、控诉、抱怨……

契 约：

这个阶段表现为在对现实的担心中取得进步。

它包括能够认清损失，放弃为对方付出一切、期待对方为自己付出一切的想法。爱情关系在新的基础上将会有更好的发展。如果伴侣双方能够对自己负责，变得能够接受关系、彼此的不完美，爱情关系将得到巩固。

因为幸福！幸福！生活中不是只有幸福，还有生活本身！

---

[1] 参见雅克·萨洛梅，《当你说话的时候》（*T'es toi quand tu parles*）和《交流是幸福的》（*Heureux qui communique*），法国阿尔班·米歇尔出版社。

接受差异化会让人接受对方的优点，同时更好地拒绝或防卫他身上对我来说不好的地方。

这个关系阶段的关键词是"对自己的行为负责"，不会再把属于自己的责任推到对方身上。我感觉自己可以完完全全地对生活负责，接受一切。

共同创造：

如果可以存活，爱情关系会在前面几个阶段的过程中转变；在各种波折可能通向的出路中，伴侣会一起进行共同的创造。

每个人都将获得安全感，感受到自己的存在，能够看到自己的个人愿望被承认。每个人都将找到这种安全感、平常心和完整性，它们有利于自我和宇宙的扩展。

这个关系阶段的学习内容不是以自我为中心，而是有意识地开放，倾听别人和世界。

共同生活同时保持个性，是一种持续性的创造。这是一场闻所未闻的冒险。

在尊重自己、感到自己被尊重和尊重对方的情况下经营伴侣生活，就是对发展和变化敞开胸怀。在偶尔不和谐的阶段保持警醒,学习几条共同生活的原则并设法应用。

不要混淆感情和关系,要敢于把握当下并发展一段对双方来说都是健康的关系,以若干健康关系规则为基础。

金钱,同时揭示和掩盖了力量关系和潜在的统治暴力。

伴侣和家庭中的金钱

一对伴侣很少会明确地谈钱,也很少仔细记账,难以评估自己,给自己标价或说出对方的价值。

"相爱的人不会计较。"
"我的就是我们两个人的。"
"我们分享一切,不用计较……"

以爱、亲密或慷慨的名义,一切经济问题都处于模糊的状态。然而,总有一方隐约觉得自己被利用或被盘剥,从而感到不舒服,怀有秘密的怨恨。这些感觉不怎么被承认,但在很多伴侣中都是客观存在的。

一对年轻的伴侣冒着显得小气的风险，勇敢地一起评估了每个人的投资。

女方先开始，男方接着说。

"自从孩子出生，我每周工作 20 小时。我每个月赚 800 欧元，"她计算着，"其中 480 欧元交给在我上班时帮我看孩子的人，还剩 320 欧元。我每周花 50 个小时做家务、看孩子（周末和晚上我们一起分担这些任务，没有算在内）。"

"也就是每个月 200 个小时，按每小时 11 欧元算，就是 2200 欧元的投资，再加上 480 欧元，就是 2680 欧元。这些是我为家庭建设付出的钱。"

"我呢，"他说，"我的工资是 4000 欧元，其中 3200 欧元用来支付房租、家庭开销、汽车、保险等。"

他们一起得出结论：

- 他们共同的事业——与家庭生活相关的婚姻建设，投资为每个月 5880 欧元；
- 女方工作时间更长，报酬更低，但更自由（尽管她觉得自己必须……干活儿！）；
- 男方个人有更多的钱。

这些关于家庭账目的交流使得他们可以调整心理状态。她不再觉得自己被丈夫养着，而是一项比他们想象中更贵的"事业"上的伙伴。一项事业：他们的家庭体现在预算上。两个人都承认："我在结婚前从来不做预算，我直接花钱……"

男方承认妻子所做的家务工作有价值，不再认为自己独自养家。他们告诉我，这种用数字表示的、明确的互相认可大大地帮助了他们，让他们认识到潜在的冲突，尤其在性生活方面。

因为金钱和性欲之间存在深层的联系，导致关于"控制—被控制""要求—被要求"的定位不清晰。

我们经常邀请伴侣们说出他们关于金钱的感受，关于两个人的投入、献给或亏欠对方的时间的价值。

金钱无疑是最强大但最不被了解的符号之一，因为在我们的文化中，它被以真情的名义掩盖了。然而金钱无处不在，它贯穿、摧毁或滋养了大量的关系。一会儿是毒药，一会儿是生命之液，它存在于亲密关系之中，有时可见，更多的时候隐藏起来。隐藏是因为它的来源是禁忌话题。它从哪儿来？是怎么到我们手里的？

它有时使我们想起肮脏、不良和令人怀疑的东西，引起感情上的矛盾。

怎样在伴侣生活中管理金钱？

尽管看上去如此，但我接下来提出的解决办法不在于通过差距、分工或百分比管理金钱！我的立足点是设法让自己在所有伴侣关系中都存在的束缚、不平等、不公正，甚至是利用关系中不受到污染、控制和依赖。

在很多伴侣之间，金钱不仅是结合点，而且是一个显示屏，它不动声色地放映生活中的各种感受和难言之隐。有钱或没钱会造成各种紧张，但有时也不那么明确。

金钱也是一种语言：

怎么设法把金钱作为一种语言来倾听？

要试着弄清5个问题……它们在大多数情况下都被抑制住了。

我的收入是多少？

这对应于外部收入来源（工资、报酬、津贴、各种租金或社会生活最低保障金）[1]，或者内部收入来源，前提是我的价值体现在参与、对夫妻或家庭生活所做的活动和贡献（管理房子、

---

[1] 工作是按照业务量给予回报的。业务量不确定，不被承认，即使它占据了我们大量的时间。

接送孩子去学校、休闲活动陪伴、保洁、担任家庭主妇……）。

前者往往很清晰，尽管很多男人会隐瞒准确的数字。

后者就微妙了！

几乎没有女人敢于质疑：很多行为、活动和举止通常被认为是理所应当、爱的馈赠或与女性角色有关的特征（尤其是家庭妇女，她们拿到钱的代价是……）。我做这些值多少钱呢？

"我做饭是很正常的，我购物、铺床、打扫卫生或清理浴室都是理所应当的。除了我，谁还会给孩子洗澡，看着他们做作业，陪他们玩耍？我还要扮演微笑、随叫随到、开明尤其是放松的妻子、伴侣、知己、情人和女主人。"

所有这一切都按部就班、毫无反抗地完成（在关系初期），丝毫意识不到问题。女性很少会质疑这种潜在的"利用"合同，它在源自既定文化背景的不明确的基础上把两个决定一起生活的人联系起来。

我们观察到大多数女性出于这样一种内在动力进入夫妻生活和家庭生活："责任、命令、必须实施的感觉。"

而男性"结为伴侣"是因为一种相反或有着本质区别的动力，我称之为"自由选择、愉悦、帮助实施的愉悦"。

这两种看上去互相对立和矛盾的动力，只有当它们被说出来，被表达出来，变得明晰、被承认时，才能结合。

第二个问题来自前面的质疑，可以是这样的：我赚了多少钱？

当我把时间和精力用于满足伴侣和孩子的需要时，我所做事情的价值以及我自身的价值是多少？

即使伴侣和孩子没有提出要求时也是如此。因为有的人会宣称"可是我不需要，我不需要浴室那么干净""我不在乎床铺没铺"。他没有清醒地认识到，自己总是提出和强加各种要求……放纵自己。

第二个问题总是很难回答，因为它触及男性和女性千百年来的境遇，触及自我形象和丧失资格。在一个完美的家庭神话中，女主人的劳动价值往往被吞噬或被掩盖。她把家里的一切打理得有条不紊，并且随叫随到。

如果在外面工作的男人带来收入……赚取伴侣或家庭的开销，那么存在"后勤保障"很正常！

当然，也有无私奉献、随叫随到、大公无私这些爱情中的浪漫主义精神。当主角之一（通常是女性），感到并发现自己处在一个不被承认和不被重视的辛苦体系中时，危机状态就开始了。男性伴侣不能也不愿在第一时间承认自己扮演着剥削者的角色。危机常见的结局是在固定的位置上发生冲突。

"我做的事情是有价值的,这种价值直接或间接地参与了家庭的整体舒适和充实。"

为在外面工作的人提供必不可少的后勤服务没有如实地得到评价:"这是自发的。"言外之意相当于这种后勤服务是待在家里的人给工作的人的一种补偿。

具体来说,比如让的工资是 5000 欧元,他能拿到这些钱的前提是他享受着后勤服务。在他的学生时代,这种服务是由妈妈提供的,现在,自从他踏入职场,就是"他的妻子雅尼娜"提供了。如果没有雅尼娜,他需要付多少钱,付给谁呢?做饭、洗衣、家庭维护和物资保障,这些保障使他可以每天早上毫无后顾之忧地去上班,只需要操心怎么创造与工资匹配的价值!假设我们认为这种后勤服务值 1200 欧元,那么拿 5000 欧元的人实际上只赚了 3800 欧元,因为他得往雅尼娜(或外面的什么人)的个人账户上汇 1200 欧元,这恰恰是允许他拿到 5000 欧元工资的后勤服务的价格。

当伴侣的讨论到达这个阶段,双方通常已经怒气冲冲,局促不安,激烈地否认。这些长长的流水账显得斤斤计较。这里面还有爱吗?

"至少不包括我们！我们不是这样的！"

所有陈词滥调都浮出水面："如果我们相爱，我们应该自然而然地彼此理解……""我们不是做生意的，而是夫妻！"

围绕着第三个问题的质疑出现了，这个问题就是夫妻生活或家庭生活的运转标价是多少？

维持一个家庭的"运行"需要多少钱？

总的来说，只有在经过几个月的摸索、讨论和互相适应之后，这个问题才能得到解决。

评估应该包括哪些支出项目：房租、取暖、保险、食品、衣物、公共娱乐……

确定了项目，就可以按经验计算了。

以让和雅尼娜夫妻的情况为例：

- 让拿 5000 欧元的工资，他承认妻子"对内"的工作值 1200 欧元。让发现自己实际上赚了 3800 欧元；
- 雅尼娜拿 1800 欧元（外部来源）。她实际上赚了 1800 + 1200 = 3000 欧元；
- 夫妻生活的估价为 6000 欧元。

这就引出了第四个问题：每个人应该为维护夫妻生活投入多少钱？

他可以把多少赚到的钱投入共同存款中？

在上面提到的具体案例中，让为了"维护家庭生活"投入 6000 欧元的 3.8/6.8，也就是 3353 欧元，雅尼娜投入 6000 欧元的 3/6.8，也就是 2647 欧元。

（6.8 这个数字来自让的资金 3800 加雅尼娜的资金 3000 = 6800 欧元，相当于 6.8。）

第五个问题：每个人自己还剩多少钱？

在向共同账户（不要和联合账户混淆）投入各自的份额之后，还剩下：

- 让：3800 − 3353 = 447 欧元的个人存款；
- 雅尼娜：3000 − 2647 = 353 欧元的个人存款。

在这个例子中，尽管两笔钱看上去很少甚至不值一提，但它们有重要的证明作用。

这是一份个人财产，使得每个人可以送自己或别人真正的礼物。

这是一笔净资金，不欠任何人。这笔钱真正属于一个人，他可以毫无负罪感、毫无心理负担地自由支配……给自己或合适的人带来愉悦。

这个体系的价值尤其具有象征性。它基于这样的事实：如果夫妻双方能够预先对夫妻生活的需要进行评估和管理，而不是走一步看一步，临时做决定，那么总会有"个人化"结余。

这个体系无法回答所有关于伴侣之间的金钱或开销的问题。

它可以作为一种参照，一个挑明暗含之意的机会。每个人都可以任意使用、完善或拒绝。

每个人的内心都可以通过金钱获得尊重。所以，这也是我们给予父母所做的事更多价值认可的好途径。

> 我们总是为了亏欠别人的东西……支付高昂的代价。

如果我真的接受了

如果我真的接受了

我就不害怕失去。

如果我能够接纳

我就不会失去任何东西。

如果我在内心储存了善意

就会留有足够的痕迹

可以将它播撒,即使在分开之后。

如果我发现分别

不等于消失。

如果我能把接受的东西扩充

让它随着分离的时间

生长,我就延长了

重聚的时间。

如果我敢于说出自己的经历，

我就不再需要怀疑

对方身上不适合我的地方。

相遇的时间太珍贵

不应该用已经发生的事情

让它变得苦涩。

如果我学会了更好地倾听

我无法说出的话

分享的时间就没有白费。

我怀念的是

当我后悔没能向你展示

我所有的可能时。

真正的隐私是一起做不同的梦。

第四章

伴侣生活，就是创造和发展双重隐私

Vivre en couple, c'est accepter de créer et de développer une double intimité

两个人一起生活，不管是长时间生活在同一地盘，还是分居两个不同地方——这是一种断断续续但相对稳定的关系，都涉及彼此私生活的交汇。这种交汇需要或多或少的彼此之间的开明、放松和自由，而不是互相干涉。

它建构两个不同而互补的方面：

• 共同的、可分享的、充满活力的私生活；
• 更个人化的私生活，并不总是双方的或可分享的，受到尊重的。

伴侣生活都围绕着两种矛盾而互补的模式展开。伴侣生活就是：

• 体验、分享和扩展共同的私生活，在地域空间或时间空间的层面上，在身体或交流、兴趣点和创造性的层面上；

• 发现和承认自己的需要，容忍对方对个人空间的需要。

尊重这种可能性……甚至必要性：存在无法和别人分享的隐私，尽管这个人分享了我们的大部分生活。"大部分"不等于"所有""全部"或"独占"。

伴侣生活应建立在一种以双重私生活的理论和实践为中心的微妙的平衡之上。

为了使两个人相互承认和确定这种双重私生活，需要彼此之间保持平衡，也就该抛开束缚，在日常生活中学会分享和沟通。

仅仅知道你的经历、你做的事和说的话对你好或对我好，这不够。

仅仅知道我的经历、我做的事和我说的话对你好或对我好，这还不够。

还要考虑这些是否有利于关系，能滋养、建设关系还是破坏、威胁关系！

如果这段关系对你、对我都很重要，就让我们悉心呵护它吧。

爱情的希望总是有些脆弱。它是不确定的,充满不可预见性,那么迫切地需要未来。

爱情的希望,冲向未来短暂的生命,如果缺少海岸就去寻找港口。

当锚抛下时,此时此刻就会张开热情的怀抱。

一段关系要走向未来,就应该在清晰的过去之上营造现在。

体验共同私生活

体验并分享存在于每个敏感领域的私生活意味着什么?

在地域的层面上:

伴侣双方是否拥有,或者有没有可能存在一个明确、可辨认、与众不同的只属于他/她的场所或空间?这个场所或空间是他人无法进入的,其他亲近或疏远的人无法侵占,恰恰作为个人和隐私的场所被尊重!

也许是一个房间、一间办公室、一个橱柜、一把扶手椅或者是一个简单的抽屉,伴侣双方都应该能够拥有一个专属的被保护空间,在那里可以真正地放松。

正如富·格鲁[①]的妙语所说:"为了不再被囚禁在同一张床上。"

学会建立隐私,尤其要学会与第三方保持适当的距离:朋友、父母、孩子。孩子的到来往往构成一种对伴侣隐私的干涉,有时会造成关系进程的断裂,逐渐发展为危机。

孩子们倾向于(而我们总是放任他们!)占据整个家庭空间。夫妻空间和家庭空间的串通很常见!

在很多家庭中,隐私、自由、信任、不加掩饰和所谓的自由生活方式被混为一谈。

"我们家没什么可躲躲藏藏的。"

"孩子们都习惯了,他们一直看见我们光着身子!"

"我们把门拆了,这样更方便……每个人都可以自由地走来走去……"

---

① 富·格鲁(F. Groult, 1924—2001),法国作家、记者。——译者注

"我们可不是那种每个人都贴着墙边走,什么都不敢表现的家庭!"

有些生活方式认为不可能也不需要有个人隐私。对隐私的侵犯并不总是表现为行动越矩,而是通过持久的暴力、清晰的坐标和参照的缺乏显示出来。

只要关上夫妻卧室、厕所和浴室的门,就学会了建立隐私。为了护理身体,面对自己,为了各种关键因素:从羞耻心到面对自己,和他人保持适当距离。

在向所有家人开放的公共场所、过渡场所或中转场所和个人场所之间建立隐私将成为保持适当距离的基础。

一个眼神,一个手势,一种相互表现出的适当距离,是自发的、天然的羞耻心。

带有怀疑的希望是最真实的希望。
它生出一种强烈的能量,为了明天活力四射的冲动。

交流层面的隐私：

在交流、表现或秘密的层面上，也要保护隐私。

"我对你说的关于我的事情仅仅属于我们俩，我不希望它被带入另一段关系。如果我告诉你我父亲酗酒，我深受其苦，这不是为了让你有一天把这些话当作武器攻击我：'你啊，没什么可说的，如果一个人的爸爸酗酒，他是没法给出建议的！'"

"如果我足够相信你，告诉你我 18 岁时经历了一段痛苦的抑郁时期，然后住院接受心理治疗，这不是为了让你有一天生气时把我说成疯子或歇斯底里。"

每当我违反双方交流的隐私要求，我就有可能伤害到对方，也伤害到我们之间的感情。

"如果你对另一个人说起只属于我们两个人的关系或我的故事，不管出于对朋友的信任还是对我的不满，你都有可能歪曲其质量和价值。一旦我们的关系被拿到公共场合，暴露在众目睽睽之下，它就会被歪曲和破坏。"

"我的私人生活受到了指责和批评的威胁，受到了伤害。"

有时需要大量的时间和互相保证才能重新找回这种丢失的信任。

分享隐私的前提是我可以表达、放松，任由自己而去，不用担心他人对我的价值判断和人格冒犯。

由于我们生活在一个间接交流占优势的世界，也就是说我们更多地谈论别人而不是自己，更多地涉及第三方，所以隐私被破坏的风险极大。

当强尼·哈立戴①在1995年春天向《电影杂志》（*La Revue Téléciné*）说出下面这句话时，他知道自己暴露了隐私吗？

"我不能和傻瓜一起生活。因为爱情和美丽当时是好的，但过了一段时间，我们需要交流……"

这句感人的告白是否想在字里行间告诉我们谁选择了傻瓜？或者谁被一个不明就里的人选作……傻瓜！

---

① 强尼·哈立戴（Johnny Hallyday，1943—2017），法国歌手、演员。——译者注

每个人都有一座秘密花园,一块敏感脆弱的空间,相信感同身受的热情倾听,害怕武断生硬的评判、轻视或怀疑的目光。

隐私太珍贵了,经受不起背叛的折磨。

这是女性最常见的抱怨之一。

有些男性在面对可以分享的隐私时,表现得十分拙劣,困难重重。

"如果我不知道你会怎么处理我说的话,我就很难表达自己。"

"如果我觉得你不够可靠,我就不会冒险公开自己的事情。"

"当我在理发店听到一些女性谈论她们的伴侣时,我就瑟瑟发抖……我有时候甚至想禁止她去理发店!"

唯一可以在当事人不在场的情况下谈论,不需要经过事先同意的情况是治疗关系。

这种关系包含保守秘密的规定:所有涉及自己或他人隐私的事情都不会被泄露。

在这种治疗师/陪护人员和顾客之间的特殊关系之外,任何隐私都可能被用来攻击当事人,不管他是隐私的主体还是客体。

经历过他人对隐私的不忠，面对心爱的人潜在的背叛，我们的容忍限度很低。

这个普遍的问题直接影响到我们表达或分享隐私的质量。

提问者为表示兴趣和关注而提出的问题对被提问者来说可能是一种干涉。"你去哪儿了？"和"你今晚干什么？"，这类提问，答案隐藏着的信息量太大。

当然，我们可以提出很多问题，以一种特别的方式，可以是出于关心，也可以是委婉地请求。

有一些惊讶的
窃窃私语的时刻
在时间的笑容里。
有一些秘密的
小径
踏着坚定的步伐
走向闪光的乐园。
有一些在轻柔的和弦中
激动地相遇。

Jamais seuls ensemble

> 有一些需要潜入天际
> 清晰地表达自己
> 做到彼此理解
> 在分享中收集的
> 流光溢彩的梦。
> 有一些深长的呼吸
> 可以倾听所有可能性。

同样地,解释或说明做了什么、没做什么而说了什么、没说什么,应该从一切交流中清除。因为这会增加我们的不安全感,要求对方为我们提供保证。

是的,隐私暗含的亲近、存在或放松应该避免转为侵占、依附和伪装的控制。

分享私生活,还包括伴侣双方接受或拒绝对方交流和沟通的方式。

伴侣其中一方可能是个话痨,毫无节制的谈论对倾听者来说非常可怕。在发泄和表达之间,存在各种细节。言之无物和拐弯抹角在生活中也屡见不鲜。

清晰地表达自己,做到彼此理解,这是说话人和听话人两方面的责任。

正是因为在相遇中存在不确定和"失去"对方的风险,话语才是必不可少的。

有时话语可以让我们认识到他人的本质。

西尔维·加朗①提醒我们,人际交流是一种苦行,在意愿之外,还需要严密、警觉和尊重。她向我们指出了亲密交流的基本原则。

在自由信任、愉悦、表达和被接受的基础之上,共存着两个世界,它们可能互相促进,也可能互相污染甚至毁灭。关系生态学源自伴侣的隐私,它可以扩展到四面八方。

交流的隐私和身体的隐私一样(甚至更多)受到可以称之为"期待恐怖"的考验。

---

① 西尔维·加朗(Sylvie Galland),"Communiquer est unes ascèse"(《人际交流是一种苦行》),发表于 *Nouvelles Clefs*(《新开启》),1995 年 5 月。

期待分享和目光回应：通过倾听、默默的陪伴和随时待命等待对方的分享和回应，而不是直接表达。

随时待命和倾听被看作爱的证明，它们的匮乏或不足被认为是爱的严重缺失。伴侣其中一方有时会提出毫不留情的要求，经不起对方对其要求的任何漫不经心或犹豫怀疑。因此，对方的隐私会被压力、迫切和要求的强势破坏。敢于说出"我不是为你的期待服务的。我嫁给你不是为了满足你的需要，我不可能一直完成你的愿望"如此话语是要有勇气承担风险的。

> 现实如此，残忍的行为总是乔装打扮、戴着面具进场，清醒的神志看上去只能是残忍的。
>
> 克里斯蒂亚娜·桑热

> 每个充满爱意的拥抱的震颤带给生活存在的乐趣，延长了每一个生活片段。

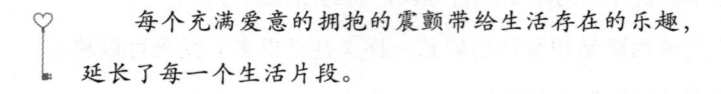

身体隐私：

它和我们最古老、最深层的需求有关：身体需要被触摸、接纳和认可。

这种身体隐私来自婴儿时期母亲的照料留下的身体感觉。

一个人婴儿时期和母亲之间的关系构成了他/她和他人交流关系的原型。这些互动是在平静和温柔中进行，还是在矛盾、悖论、模糊、空缺、拒绝和负罪感中进行？它们引发的是满足、信任、充实的经历，还是与之相反，失望、强迫、勾结、虐待的经历？

为了满足我对亲密、存在、温柔、身体与身体接触的欲望，我必须感到自己此刻的期待受到尊重。任何需求在被满足（在最好的情况下！）之前都先追求被对方全心全意地承认。由于混淆需求和愿望不太妥当，我得补充一句，愿望的本质是需要被倾听，而需求需要的是被接纳，即使没有被直接满足。

> 如果你遇到了一个不仅爱你，而且想要你，还让你笑的男人，一定要毫不犹豫地嫁给他。
>
> 我的外婆

Jamais seuls ensemble

有些伴侣感到难以进行身体接触。

"他不喜欢我碰他。"
"他不喜欢在公开场合亲热。"
"她经常对我说抚摸狗会招跳蚤!"
"每当我开始爱抚,她就觉得我在提要求……"

身体上的接触唤醒了久远的恐惧,害怕被侵犯、剥夺、抛弃或分割。

有些伴侣需要时间、仪式、驯服、游戏和拒绝的权利才同意对方接触。

有些拒绝其实是一种缓慢的同意,为了给强烈的欲望留出足够的空间和活力。

"不"经常意味着"还不到时候,不要这么快"。这首先是一种保护,而不是拒绝。

因此,欲望有时会不停地扩张和充盈,为了最终满足我们,全神贯注而心满意足。

我们在走向对方时变得星光四射。充满欲望的愉悦和带来愉悦的欲望酝酿着相遇,为了感官的享受。

爱抚、温柔和强烈的性欲不会在拥抱中混淆。

在肌肤相亲的接触中,微不足道的标志也需要被尊重。

"我不想觉得被你侵犯、占有、欺骗。"
"我需要自由地选择。"
"我的拒绝让你难过了,但如果你不再把自己封闭起来,我也许可以为我们的相遇带来更多的可能性。"

多少女性觉得自己被迫用性"支付"(我委婉地用引号把这个词括了起来)?她们对温柔和身体相拥的需要,对分享和亲密爱抚的渴望……而她们的伴侣既不会给予,也不会接受,却总是夺取!

"我有时想一个人睡觉,希望拥有一个不可转让、不可压缩的私密空间。"

同时,由此而生的孤独空间似乎令人无法容忍,导致怀疑和猜忌……

"我总在吵架,为了证明我是唯一有权处置自己身体的人。这在他看来是无法容忍、不可理喻、有害的。他觉得我的需要与他为敌。"

当密切关注的温柔在陪伴和距离、关注和意愿、给予和接受之间找到平衡时,它就会滋养并催生出伴侣关系的整个关系脉络。

"如果说我的很多欲望都围绕着你,那还是有一部分朝着别的方向的。"

我们都需要这种适当的距离:

- 在放松和亲近之间;
- 在给予和接受之间;
- 在自由和信任之间。

当每个人都达到成熟的状态,保持距离,成为一个自主的个体时,才有能力做一个合格的伴侣,对伴侣关系才会有所助益,这样的伴侣关系才能够面对岁月中不可避免的起伏、风险和裂痕。

我向你保证，我们的生活将光辉灿烂。

加拉致保尔·艾吕雅[①]

在结婚几周前

啊！你是那么灵活而清醒，让我以为
我是过错方，你是受害者。
啊！我们那谨慎的头脑，让我们相信
我总是不能理解的，
你总是不被理解的。
啊！我们互相指责的机制是多么完美而熟练！

这种独自拥有欲望的难以忍受、令人疲惫和绝望的孤独！

[①] 加拉（Gala，1894—1982），生于俄罗斯帝国，是众多艺术家的缪斯。保尔·艾吕雅（Paul Éluard，1895—1952），法国诗人，加拉的第一任丈夫。——译者注

Jamais seuls ensemble

共同隐私和个人隐私——在分享时间的层面上：

"结婚 15 年之后我才在一个周末意识到，我需要拥有属于自己的 3 个小时，对方不能在场或靠近。"

这个男人补充道："当我发现这件事时，我明白了我们之间的很多冲突和一些几乎自动反复出现的误会到底是怎么回事。我对孤独、阅读、梦想、一个人做事的需要对她来说是反常的。"

"'我们整整一周都在工作，'她对我说，'几乎没怎么见面，而我真的希望永远和你在一起，最大限度地在一起。'

"她无法想象当她如此希望在一起时，我也许有别的想法！"

共同时间和分享时间源自每个人的敏感度和相似性。伴侣生活围绕现在要完成的计划展开，延伸至或近或远的未来要完成的计划。

很多伴侣局限于制订"空洞"的计划，他们主要是告诉对方自己不会和另一半一起做的事情！

"你知道的，周二我要参加工会会议，周四打篮球，周六早上打网球……"

> 感谢所有在相遇的笑声中惊讶、窃窃私语、毫无遮掩的时刻。

感谢所有一起前进时谨慎的脚步踏过的秘密道路。
感谢所有倾听和分享时深长的呼吸。

也许学会制订"充实"的计划更有用,比如这样说:

"周一晚上我在,周三、周五、周六晚上和周日都是我希望和你在一起的时间!"

对共同时间和个人时间的管理和准备短、中期计划的能力有关。快乐、热情、可实现的计划影响深刻,制造承载着滋养功能的回忆,使两个人的生命之树茁壮成长。

另一方最吸引我们,让我们无法抵抗的是潜在的安稳,以及我们更完整、持久,甚至在一起更永恒的感觉。

长期跟伴侣生活,尽可能创造完美的和谐,就要学习在日常生活中发展:

- 共同隐私(双方认可、对双方都有利);
- 个人隐私(自己和对方都尊重)。

> 只有爱是不够的，还需要对方欢迎、接纳，甚至扩充我们的爱。

隐私和感情的接受

感情的隐私对应着每个人认可、放松、信任和减轻控制的需要。只有在安全和共同接受的情况下，它才能完成。只有每个人的确认、自主和差异化都发展顺利时，它才能实现。

伴侣关系的其中一个特征是拥有创建和落实共同生活计划的可能，不管在生孩子、搬家还是实现共同梦想等方面。

这不仅需要维持一段互相扶持的关系，能够共同抵抗生活中的不公和困难，还须携手创建某种真实存在的、承载两人美好记忆的东西。

"我们曾经幻想每个人实际上都应该服务于对方的需要。我现在才发现，"一个男人说，"我们永远在担心不够卖力，试图挽留或以某种方式购买（我知道这个词看上去有多恐怖），是的，购买对方的爱和感情，这些担心引起了多少暴力和紧张。"

我想这个男人表达了波勒·萨洛蒙①在他的《伴侣神圣的疯狂》(*La sainte folie du couple*) 中介绍的其中一个风险：为了对方的快乐或恐惧，迷失在他/她的深层需要之中。这确实是一种疯狂。很多伴侣关系长时间地存在着害怕、丧失、自我剥夺，尤其是被迫害的心理机制。

"我不为自己而活，还怎么为别人而活呢？"

是的，长期的伴侣生活在某种程度上就是努力在生活中留下痕迹，记录更多。如果两个人没有相遇，没有成为一个"我"加一个"我"构成的活跃且有创造性的伴侣，就无法催生出更多的东西！伴侣的凝聚力就是从这种几乎永恒的创造中汲取力量的。力量源自再生的欲望和愉悦，影响着习惯和时间带来的磨损和消耗。

在伴侣沉默的消耗中，我听到他们发出的叫声。

---

① 波勒·萨洛蒙（Paule Salomon，1940— ），法国哲学家、心理治疗师。——译者注

个人隐私和自我尊重

我把隐私和自我忠诚的概念联系在一起。对自己忠诚意味着从内心深处尊重自己。必须为这个内心深处的自己留有一席之地！

和某人一起生活不等于只为他而活。

绝对不能一起做所有的事情。

"我今天才发现我可以自己出门,以前都没想到。但我丈夫以前经常这么说,他才是最吃惊的那个。"

忠诚问题在伴侣中占据着中心地位。

对大多数人来说,忠诚意味着向对方和自己承诺不会和第三方发生性关系。这个承诺似乎暗含"不能欺骗"我们的伴侣之意。引申开来,忠诚的承诺包括注意不要对另一个男人或女人心生爱意。最矛盾的难处从此开始了!因为我们相信幼稚的全能神话,相信自己对感情起决定作用,所以真诚或傲慢地认为:"我不会爱你之外的任何人!"

> 我们无法在保持完全自我的同时共同生活。
> 不愿彼此分享,互相认可,我们无法待在一起。

婚姻和宗教将为忠诚的承诺祝圣,以便反对和控制非理性的泛滥。

它的目的在于抵抗疯狂的风险,防止为了第三方"头脑发昏"而违背承诺!

不可能或不确定的忠诚就这样被牢牢控制起来,被有力地、坚定地净化,被最大限度或最小限度地用大量论据、例子、证明尤其是意愿维持着。

如果存在欺骗,那么主要是针对自己的。我们认为我们可以控制并决定自己的感情。我认为,这个微妙的问题唯一可能的解决方式就是放弃。决定是否继续保持关系的是我们自己。

> 隐私就是能够把生活中的梦想和计划纳入对方可以接受的范围之内……

还有梦想的隐私:

这种隐私能够预期未来,滋养现在,这部分想象能扩展并延伸相遇的空间。在我看来,梦想的隐私是滋养伴侣生命力的必不可少的源泉之一。

确定梦想并实现其中几个，保持一些幻想，守护并非毫无希望的目标，一起投身其中，这些都是完整的分享的标志。

使梦想实现，这就是我们送给自己或对方的美丽的礼物。

在两个相爱的人之间，不存在其他规则，只有他们的欲望、愉悦和当下待在一起的意愿。或者从不同的领域进入一段相遇的关系，或者从同样的生活领域进入一段持续和分享的关系。

除了建立在意向性之上的承诺，和对方结合的能力是巩固关系的重要因素。

两个人之间的关系实际上是不确定的，脆弱的，微妙的。它可能被威胁、虐待、维护或美化。它也可能被揭露……因为当伴侣双方不再投身于共享的人生计划时，感情有可能失去目标，任意发展。

每天都应该提出问题和质疑，或互相确认自己对另一方的感情和计划，这样才能维持关系。

欲望在灼烧的记忆中，把过去浓缩为永远处于现在的未来。

改善关系的尾声

在分手或决裂之后,怎样改善已经预料到的失败?

今天,越来越多的伴侣从先前支离破碎的两性关系出发,重新建立关系。

受伤或失望、不幸或热情的人儿,试图建立新的关系,但愿能走出过去失败的阴霾,获得成功。

能够从对一个人的依恋和旧有关系体系中解脱也非常有意义,对让我们重蹈覆辙的诱惑保持警醒也是必不可少的。

对我们大多数人来说,离婚、分手和关系破裂通常意味着痛苦和失败。它们在我们的价值观和被爱的能力中深深地刻下了怀疑的印记,有时会永远地伤害我们投入新的爱情或婚姻关系的希望。这些不仅关系到自认为被抛弃的对象,也关系到——可能有点儿令人意外——主动离开的一方。

我们在前面已经看到,维持两个人在一起的不是感情,而是他们能够为彼此提供的关系的质量。

在基于吸引、明确的感情或无意识选择的相遇之外,维持一段关系看上去是一项超越了很多人能力的任务。因为我们通常在关系中力不从心,能力不足。

需要承认，在某些爱情关系或伴侣关系中有时存在这样一种恐怖关系，一种真正的重度暴力，导致伴侣中的一方选择自保、放弃或逃避。这样做的代价是道德或宗教危机，以及根深蒂固的个人伦理和信仰的破裂。

"我们结婚是为了一辈子……""一个有三个孩子的父亲应该信守他的承诺……""你们在上帝面前做出了承诺，他会帮你们信守的。"

"我受不了了，每天都要忍受他的批评、意见和指责，我要发疯了。我做的任何事情，他好像都不满意。我紧紧抓住自己的信仰和信念，在某种程度上期待着奇迹。我把最微小的非暴力迹象看作礼物和温柔，但生活的失意、抛弃和拒绝接踵而至。我43岁，是时候尊重自己了……"

"我再也不笑了，我觉得自己年老而疲惫，尤其是疲惫。愿望、需要、计划和期待，一切都不协调，发生偏移，互相对立。我感到自己处于生活的边缘。我的目标很简单，不是我追求的幸福，而是早上能够看到自己还没有绝望……"

然而，恰恰在分开的那一刻，当两个人从过于狭隘、束缚的"我们"中走出来，这两个打算分开的人之间一下子豁然开朗。

如果决定已经做出，如果毫无和解的希望，①保持头脑清醒的一方需要不被另一方影响，面对另一方可能施加的负罪感、道德攻击、贬低等要坚持到底。

分手、损失和放弃，如果它们没有被不满、怨恨、对另一方的指责或自我价值的贬低所包围，就可能激发真正的新生或再生。它们会让男性或女性采取新的生活方式和另一种为人之道，在伴随着整个关系破裂过程的危机和冲突之后，重新找到完整的自己，走向更好的自己，即使曾经被粗暴地对待或得不到尊敬。现在就是恢复精力，更好地和自己相处的时候了。

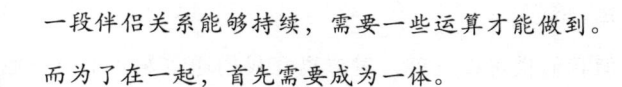

> 一段伴侣关系能够持续，需要一些运算才能做到。
> 而为了在一起，首先需要成为一体。

---

① 最困难的是这种希望始终存在于伴侣其中一方的内心深处。这种希望只需要一丁点儿努力和意识，一切就可以重新开始或者变得更好！

> 我们不喜欢我们所需要的，而是喜欢我们所渴望的，但对于我们喜欢的，我们往往不会选择。
>
> 安德烈·孔特-斯蓬维尔

要知道，也存在一些停留在萌芽中的爱情，一段接一段短暂的爱情经历，就像是接力赛，在生活的特定阶段充实我们，使我们能够以另一种方式或从另一个视角看生活。当然，这些经历让我们有时也感到痛苦，甚至羞耻！

任何分手都有可能造成伤害，它会损害或摧毁我们对自己的认知。

但我们也可以理解，对方离开我们通常是为了……他／她自己。

最先提出结束一段关系的人根据他／她自己的变化而做出决定，即使他／她给自己制造出借口："是因为另一半！"

我们无法天真地认为可以完全影响一个人，即使是非常亲近的人，他／她所有的行为、感情或决定终究还得是取决于他／她自己。

能够使我们对第一眼看上去的失败加以改善和转化的，是我们能否具有"留心"两个元素的能力，包括感情元素和关系元素。这是把我们和离开的人联系在一起的力量。

我们对离开我们或我们离开的人还抱有持久或深厚的感情。

如果你做计划

如果你做

一时的计划,

那就尽情地

把握此刻。

如果你做

一天的计划,

那就每时每刻地

爱自己。

如果你做

一年的计划,

那就播下种子

等待发芽。

如果你做

一百年的计划,

那就投身于

人类的教育。

如果你做

好几代的计划,

那就把自己全心全意地

献给爱。

如果你拟订

永远的计划,

那就在每个瞬间

创造生活。

摘自《驯养温柔》[①]

---

① 《驯养温柔》(*Apprivoiser la tendresse*),法国青春出版社,1988 年。
——译者注

当我无法适应你的愿望时,你也许可以适应我的可能。

关系在恶化之前,会有良好、令人兴奋和生机勃勃的一面。是的,即使是受伤的关系,也在我们身上留有根系和影响。

我们经常[①]会进行象征化,也就是说把我们感受到的东西(即感情)表现出来,把我们感知到的东西作为关系的基点,以便使我们更好地和当下联系在一起。举例来说,某个被丈夫抛弃的妻子,始终感到自己对他怀有强烈的爱情,她把这段爱情看作一棵小树,一棵她已经照顾了将近26个月的小树。

"有一天,我醒过来,发现我的小树死了,完全干枯了。我明白我之前对这个男人的爱已经彻底死了。好像我一下子解放了……"

---

① 尤其是在一场关于"哀悼、断裂、放弃和结构性分离……"的培训讨论课上。

某个男人，他的妻子在 15 年的婚姻之后离开了他。在结合的至少头十年的时间里，他都觉得这段关系还不错。他对这段感情进行象征化，把一块漂亮的围巾放进箱子里，不时加以密切的注意。

"我来照顾它，照顾那段受伤的关系。"

"我带它去看电影，听歌剧，我让它听莫扎特……是的，我知道，这可能很好笑。"

"十年了，这段感情给我带来了很多，即使它结束了，我也不想批评、指责抛弃我的那个人，伤害感情。而且，即使这个过程看上去有点儿幼稚，它为我提供了很大帮助。我在这么做的同时尊重了自己。"

要知道，我们实际上在折磨、贬低自己的感情，甚至这种感情已与对方再无瓜葛。

有时，当对方不再回应我们的期待或希望时，我们会充满创造性地怀疑曾经亲密的关系。很多弊端来源于此，并非由于缺少爱，而是因为我们疯狂地、报复性地破坏我们身上强烈的感情：我们自己的爱情！

把第一眼看上去的失败转化为生活经验，让遭受的暴力和感觉到的痛苦进化为对生活方式的调整,不管我们年纪多大,这都标志着健康和对自己的温柔。

这么一来,土地有时就被充分地清理、翻耕、播种,可以迎接新的相遇,尝试踏上伴侣的旅程,不再梦想,而是两个人一起建设。

> 爱情推翻了营养学法则,它可以从一切之中汲取养分,而一丁点东西就可以滋养它。
>
> 达尼埃尔·佩纳克[1]

有效沟通的最低法则

为了终结这些借口:"太难了""太复杂了""理论上很简单,但操作起来就很不容易了!"或者"我永远都做不到"……

---

[1] 尼埃尔·佩纳克(Daniel Pennac,1944—),法国作家。——译者注

为了从最基本开始，学习如何以有效的方式沟通。为了打下基础，参与到沟通之中；为了一起互相帮助……

以下是几条基本准则，每个人都能做到：

每次尝试交流时，尽可能多地使用"我"这个词。

不是自恋、强势甚至自我中心的"我"，而是用来定位、参照或确认的"我"。一个会说"我恰恰在说自己的事情！"的"我"。

不要命令对方，而是和对方交谈。

"我从我感受的、想到的或计划做的事情出发，表达自己。"

"于是我对我说或做的事情全权负责。我在面对另一方时直接地投入，避免仓促地概括。于是我开始尊重每句话。不管这句话来自对方还是我自己，它始终见证着我在那一刻表现出来的样子。"

我的话揭示对方或暴露自己。"你在跟我谈论你的事情时，应该对我的倾听负一部分责任。"

> 一个人对另一个人的爱,也许是我们面对的最艰难的考验,是我们自己最高的证明,是至高无上的作品,其他一切都只是准备工作。
>
> 莱纳·玛利亚·里尔克[1]

避免对另一方和自己,使用价值判断、怀疑或指责。我不针对我此时此刻有限的感知中的那个人,或者以我当下的容忍、信任或个人感受的范围为依据。

我不会参照我喜欢什么或不喜欢什么给自己下定义,也不会参照我认为不同或相似的东西。我根据我的本质定义自己。

一边邀请对方表达他的感受,一边尝试展现我的感受(仅仅是我的感受),这样我可以进入交流中最迷茫、最隐私而同时也是最独特的部分:个人体验。

不管对方的立场如何,在维持这些基本态度的同时尊重自

---

[1] 莱纳·玛利亚·里尔克(Rainer Maria Rilke, 1875—1926),奥匈帝国德语诗人。——译者注

己。于是每个人都应该对他说、听、做或不说、不听、不做的事情负责。

这些爱情准则其实是放之四海而皆准的。

我把那种在每一场相遇中漂浮并流动的爱情叫作普遍爱情，仅仅由于有人在场。因为我们每个人从出生以来就承载着爱！

生命慷慨地把一部分这种爱作为礼物送给我们，通过它把我们和自己身上神圣的那部分联系在一起，和来自宇宙的普遍爱情联系在一起。因此我们可以把它献给任何人，然后从任何人身上得到它；甚至对这个人或那个人感到独一无二的爱，从这个人或那个人身上得到这种爱。

当两个相爱的人互相伤害时，他们无法忘记两人一起生活的重要性。持续的自我痛苦是一种几乎经久不变的黏合剂。

当一段关系刻入生命的历程，它就会赋予生命一种永恒的味道。

我不能放弃

我不能否认

我不能强加

我将来的样子。

这样一来，涉及的是

两种自由

它们承诺

互相了解

面对彼此

互相尊重

也许还有充实彼此。

开放的结论

即使目前伴侣生活看上去受到威胁，但它仍然是一种传奇的、令人惊讶的序幕！

我邀请所有投身于伴侣生活的人设法走出通常会遇到的双重陷阱，即：

指责另一方:"是你的错,你总是有理,你从来不说话,什么都没法跟你说,你从来不在。"

自我指责:"我从来不见人,我无趣,我父母不爱我,我一直不走运,我没有受过多少教育……"

不要指责、自我指责或怀疑,而是每时每刻拥有责任心。

如果我不任由对方的愿望和恐惧限制我,如果我不试图根据我自己的愿望或我自己的恐惧限制他,我就可以期待和心爱的人一起,维持一段充满活力、持久的关系。

多重可能

有可能开始

稳固地站着,

不屈服于恐惧。

有可能开始

坚定地前进,

选择属于自己的路,

在重重障碍和疑虑之中

开辟一条通道。

有可能开始

说话,也许略带犹豫,

但用属于自己的词汇。

有可能鼓起勇气。

有可能说出

自己的感受和情绪，

自己的立场。

有可能冒着

迷路和不适的风险。

有可能冒着

永远不被理解

或不被倾听的风险。

有可能带着

最好的自己

在一场相遇中收获更多的孤独。

有可能开始

走出自己对另一半需要的匮乏，

维持令人愉快的关系

愿望可以自由地在我们的空间中，

在任何相遇都必不可少的空间中尽情释放。

有可能经历

开始和新生

不需要制造痛苦，

不需要走进别人的伤口。

有可能开始

新生，更贴近自己。

有可能在梦想、温柔

和语言交流中重新了解彼此。

当不可能

通过对方的倾听

和目光

转化为可能。

没有比这更好的了！

爱也是试着妥协

两种不可分离的强烈的爱。

爱上自己的自由

也爱上对方的自由。

长时间地在一段充满创造性的关系中维持伴侣生活,首先需要尽可能清晰地定位自己的期待、对关系的期待、无法容忍和易受伤害的领域。

需要请对方确定自己的要求、期待、无法容忍或易受伤害的领域。

还需要看清一段关系的可能和不可能。应该和选择了我的人、我选择了的人一起持续地建设、维持并发展这段生机勃勃的关系。

任何关系都包含偶然、无法预料的部分,包含未知的部分,与整个生命中随时可见的发展、觉醒和相遇有关。

这是任何一种生命形式固有的风险。

如果带着清醒的目光观察现实,借助一定的预防措施处理爱情疾病,这种风险是可以被降低的。

沟通就是预防的手段之一。

Jamais seuls ensemble

另附:
爱情权利宣言

* 爱你但不屈服于你
* 驯服你但不制服你
* 了解你但不独占你
* 寻觅你但不隐藏自己
* 追上你但不威胁你
* 迎接你但不束缚你
* 要求你但不强迫你
* 给予你但不透支自己
* 拒绝你但不伤害你
* 离开你但不忘记你
* 充实你但不填满你
* 忠于你但也不受骗
* 向你微笑,感染自己

* 认识你让我惊讶

* 让我心醉并沉迷于

冲动的变化

分享的一致

梦想未来的幸福。

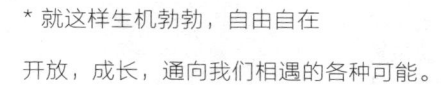

* 就这样生机勃勃,自由自在

开放,成长,通向我们相遇的各种可能。

* 就这样琴瑟和谐

延续我们共同生活的热情。

图书在版编目(CIP)数据

在一起,不孤单:伴侣相处、爱情保鲜的艺术/(法)雅克·萨洛梅著;刘彦译. — 重庆:西南师范大学出版社,2018.8
ISBN 978-7-5621-9507-8

Ⅰ.①在… Ⅱ.①雅… ②刘… Ⅲ.①爱情-通俗读物 Ⅳ.① C913.1-49

中国版本图书馆 CIP 数据核字 (2018) 第 160130 号

Published originally under the title: *Jamais seuls ensemble*
© 2002, Éditions de L'Homme, division du Groupe Sogides inc. (Montreal, Québec, Canada)
Chinese Translation (simplified characters)
© 2018, Chongqing Southwest China Normal University Press
Edition arranged through Dakai Agency Limited

在一起,不孤单——伴侣相处、爱情保鲜的艺术

ZAI YIQI, BU GUDAN——BANLÜ XIANGCHU、AIQING BAOXIAN DE YISHU

[法] 雅克·萨洛梅 (Jacques Salomé) 著　刘彦 译
出 品 人:米加德
总 策 划:卢　旭　彦吴桐
责任编辑:何雨婷　孟玉嫣
装帧设计:谷亚楠　李　晨
出版发行:西南师范大学出版社
　　　　　重庆市北碚区天生路2号　邮编:400715
　　　　　http://www.xscbs.com
　　　　　市场营销部电话:023-68868624
印　　刷:重庆紫石东南印务有限公司
成品幅面尺寸:130mm×190mm
印　　张:6.75
字　　数:100千字
版　　次:2018年10月第1版
印　　次:2018年10月第1次
著作权合同登记号:版贸核渝字(2018)第155号
书　　号:ISBN 978-7-5621-9507-8
定　　价:55.00元

读者回函表

姓名：_____　性别：_____　年龄：_____　职业：_____　教育程度：_____

邮寄地址：_____　邮编：_____

E-mail：_____　电话：_____

您所购买的书籍名称：《在一起，不孤单——伴侣相处、爱情保鲜的艺术》

您对本书的评价：

书名：	□满意	□一般	□不满意	故事情节：	□满意	□一般	□不满意
翻译：	□满意	□一般	□不满意	书籍设计：	□满意	□一般	□不满意
纸张：	□满意	□一般	□不满意	印刷质量：	□满意	□一般	□不满意
价格：	□便宜	□正好	□贵了	整体感觉：	□满意	□一般	□不满意

您的阅读渠道（多选）：□书店　□网上书店　□图书馆借阅　□超市/便利店
□朋友借阅　□找电子版　□其他 _____

您是如何得知一本新书的呢（多选）：□别人介绍　□逛书店偶然看到　□网络信息
□杂志与报纸新闻　□广播节目　□电视节目　□其他 _____

购买新书时您会注意以下哪些地方？
□封面设计　□书名　□出版社　□封面、封底文字　□腰封文字　□前言后记
□名家推荐　□目录

您喜欢的书籍类型：
□文学-奇幻小说　□文学-侦探/推理小说　□文学-情感小说　□文学-散文随笔
□文学-历史小说　□文学-青春励志小说　□文学-传记
□经管　□艺术　□旅游　□历史　□军事　□教育/心理　□成功/励志
□生活　□科技　□其他_____

请列出3本您最近想买的书：_____、_____、_____

请您提出宝贵建议：_____
_____

★感谢您购买本书，请将本表填好后，扫描或拍照后发电子邮件至wipub_sh@126.com
和xscbsr@sina.com，您的意见对我们很珍贵。祝您阅读愉快！

图书翻译者征集

为进一步提高我们引进版图书的译文质量,也为翻译爱好者搭建一个展示自己的舞台,现面向全国诚征外文书籍的翻译者。如果您对此感兴趣,也具备翻译外文书籍的能力,就请赶快联系我们吧!

您是否有过图书翻译的经验: □有(译作举例:_____)
　　　　　　　　　　　　　□没有

您擅长的语种: □英语　□法语　□日语　□德语
　　　　　　　□韩语　□西班牙语　□其他_____

您希望翻译的书籍类型: □文学　□生活　□心理　□其他_____

请将上述问题填写好、扫描或拍照后,发电子邮件至 wipub_sh@126.com 和 xscbsr@sina.com,同时请将您的译者应征简历添加至邮件附件,简历中请着重说明您的外语水平等。

期待您的参与!

西南师范大学出版社
上海万墨轩图书有限公司

更多好书资讯,敬请关注

万墨轩图书　　西南师范大学出版社

文学·心理·经管·社科

艺术影响生活,文化改变人生